普通高等教育"十四五"康养类专业产教融合系列规划教材

丛书主编 李 鲁

HOME-BASED CARE FOR THE ELDERLY:
THEORY AND PRACTICE

居家养老服务理论与实践

汪群龙 裘兴梅 ◎主编

ZHEJIANG UNIVERSITY PRESS
浙江大学出版社

图书在版编目（CIP）数据

居家养老服务理论与实践 / 汪群龙、裘兴梅主编.
— 杭州： 浙江大学出版社，2022.4
ISBN 978-7-308-21771-2

Ⅰ．①居… Ⅱ．①汪… ②裘… Ⅲ．①养老—
社区服务—研究—中国 Ⅳ．①D669.6

中国版本图书馆CIP数据核字（2021）第188859号

居家养老服务理论与实践

汪群龙　裘兴梅　主编

责任编辑　葛　娟
责任校对　朱　辉
装帧设计　春天书装
出版发行　浙江大学出版社
　　　　　（杭州市天目山路148号　　邮政编码　310007）
　　　　　（网址：http://www.zjupress.com）
排　　版　杭州林智广告有限公司
印　　刷　杭州杭新印务有限公司
开　　本　787mm×1092mm　1/16
印　　张　13
字　　数　250千
版印次　2022年4月第1版　2022年4月第1次印刷
书　　号　ISBN 978-7-308-21771-2
定　　价　49.00元

丛书编委名单

丛书总主编：

李　鲁（浙江树人学院 校长，浙江大学医学院 教授、博导）

丛书编委：

罗本燕（浙江大学医学院附属第一医院，主任医师）

陈丽英（浙江大学医学院附属邵逸夫医院，主任医师）

孙统达（宁波卫生职业技术学院，教授）

王洪林（物产中大金石集团，董事长）

卓永岳（浙江绿康医养集团，董事长）

朱李鸣（浙江省发展规划研究院，研究员）

杨　攀（七彩数字社区场景运营公司，首席学习官）

孙培龙（浙江工业大学食品科学与工程学院，教授、博导）

朱加进（浙江大学生物系统工程与食品科学学院，教授、博导）

王维安（浙江大学经济学院，教授、博导）

姚国坤（中国农业科学院，研究员）

张跃西（浙江外国语学院文化与旅游学院，教授）

刘志军（浙江大学公共管理学院，教授、博导）

祝耀升（浙江援通科技发展有限公司，董事长）

尉建锋（杭州卓健信息科技股份有限公司，董事长）

顾高生（杭州聪宝科技有限公司，董事长）

序

　　人口老龄化是全球关注的共同问题，更是中国社会经济发展后不得不面临的重大问题。同时，老龄化进程的加快和老年人口数量的快速增长是老龄化社会的结构变化和特征，反过来会影响社会、经济、文化、生活等方方面面。积极应对人口老龄化，事关国家发展全局、事关亿万百姓福祉、事关社会和谐稳定，已上升为国家战略任务，对全面建设社会主义现代化国家、实现中华民族伟大复兴具有重要意义。

　　习近平指出，各级党委和政府要高度重视并切实做好老龄工作，贯彻落实积极应对人口老龄化国家战略，把积极老龄观、健康老龄化理念融入经济社会发展全过程，加大制度创新、政策供给、财政投入力度，健全完善老龄工作体系，强化基层力量配备，加快健全社会保障体系、养老服务体系、健康支撑体系（央视网 2021-10-13）。2021 年 11 月，《中共中央、国务院关于加强新时代老龄工作的意见》明确要求加快建设适应新时代老龄工作需要的专业技术、社会服务、经营管理、科学研究人才和志愿者队伍。以担起建设应对人口老龄化和促进经济社会发展相结合，满足老年人需求和解决人口老龄化问题相结合的系统工程，落实老有所养、老有所医、老有所为、老有所学、老有所乐，让老年人共享改革发展成果、安享幸福晚年的目标任务。

　　长期以来，人们追求的长寿大多是依靠医疗服务实现的被动长寿或伤残状态下的痛苦长寿。健康老龄化要求长寿不仅是延长生存寿命，而且是要实现"寿而康"的主动健康生命状态。这是健康老龄化的核心要义，更是实现健康中国和共同富裕的美好目标。健康老龄化需要缩短"失能失智"的病残生命期和延长"寿而康"的健康生命期，提升老年人的生活质量和幸福感。因此，亟需培养具备预防、医疗、护理、康复、心理健康、智能管理等综合知识体系、多元技术能力和人文关怀素养的复合型康养人才，并且按照"五有"养老系统工程，创新模式以融合发展养老与教育、医疗、健康、体育、文化、旅游等相关产业，建立一支服务国家人口战略的专业化人才队伍。

浙江树人学院基于老龄生命周期的主动健康需求，在十余年的康养人才培养实践中，立足"医养+家养+社养+食养+乐养+智养"的"六养融合"人才培养新理念，以现代产业学院为应用型教育组织架构，构建了"医养护管"多学科交叉专业群，独创性地提出以"学科交叉培养、产学协同育人、能力素养互融"为特征的复合型康养人才培养模式，为组织好应用型教育和落实好复合型人才培养，特编写了《居家养老服务理论与实践》《医养结合的理论与实践》《乐龄享老服务理论与实践》《老年营养与膳食指导理论与实践》《社区老年服务管理理论与实践》和《智慧养老理论与实践》等系列教科书。

希望这套丛书的出版，能为各类高校高质量地培养急需的康养人才提供教学资源的支撑，能为社会、机构或家庭提升养老服务质量水平贡献一份绵薄的力量。

浙江树人学院校长、教授、博导

中华预防医学会社会医学名誉主委

2021 年 12 月 15 日

前　言

　　"十四五"期间，我国将从轻度老龄化社会进入中度老龄化社会。老年人如何安享晚年，成为关系国计民生的重大现实问题。我国政府提出，要积极构建居家社区机构相协调、医养康养相结合的养老服务体系和健康支撑体系，建立长期护理保险制度，让老年人长寿更健康。

　　从目前看，我国老年人大多数都为居家和社区养老，形成"9073"格局，即90%左右的老年人为居家养老，7%左右的老年人依托社区支持养老，3%的老年人入住机构养老。应该说，居家养老在当前养老服务体系中起着基础性作用，医养结合服务的重点也应放在家庭和社区。在此背景下，本书作者坚持以老年人全生命周期需求为导向，以专业化的"医养＋家养＋社养＋食养＋乐养＋智养"服务为要求，充分发挥产教融合优势，进一步扩展居家养老服务的理论内涵和实务操作，与行业专家共同编写了本书。编写团队来自浙江树人学院、浙江中医药大学、杭州师范大学、衢州职业技术学院、物产中大金石集团、杭州市养老事业促进会、常山阿姨事业发展服务中心、杭州巾帼西丽服务集团、万科随园养老服务集团等长期从事老年服务的教学研究和运营管理的教师和骨干。

　　全书共分为九章，从理论与实践两个方面介绍了居家养老服务的基本原则与实务操作。在理论方面，重点梳理了居家养老服务需要遵循的职业道德与职业守则，并概述了居家养老照护和居家环境安全的基础理论和具体要求；在实践方面，详细介绍了居家安全防护、生活照料、基础护理、康复训练、应急救护、心理支持与疏导等方面的具体操作规范与步骤。本书由高校教师与行业专家联袂编写，注重产教融合、学科交叉，所有案例均来自行业中的服务场景，真实且适用。在撰写风格上，强调理论与实战结合，深浅适度、贴近应用、科学简练；在内容结构上，通俗易懂、接受性强（理论部分包括：学习目标、案例导入、正文内容、思考练习等；实操部分包括：目的、评估、准备、实施、注意事项等）。在资源形式上，通过二维码嵌入相关视频、音频、作业、主题讨论、拓展思考等数字资源，将教材、课堂、教学资源三者融合，可实现线上与线下教学相结合。

本书在编写过程中得到了浙江省现代服务业研究中心、浙江省高校省级产教融合示范基地（"医养护管"一体化养老人才培养示范基地）、浙江省家政文化科普基地、浙江省智慧康养产业学院等平台基金的支持，是浙江省哲学社会科学重点研究基地课题"浙江县域医养结合服务体系构建及治理机制研究：跨部门协同视角"、浙江省产学合作协同育人项目"基于产教融合的养老类专业人才培养改革与实践"、浙江省一流本科课程"基础护理学"等项目的研究成果。本书适用于高校家政学、社会工作、护理学等本科专业，以及老年服务与管理、家政服务与管理、护理等专科专业，也可用于各类养老机构、家政企业、社区等服务组织的从业人员培训。

由于时间仓促，本书一定还存在不少纰漏，恳请广大同仁多提宝贵意见，以便进一步修改完善。

汪群龙　裘兴梅

2021 年 12 月 15 日

目　录

CONTENTS

第一章

职业道德

第一节　职业道德基本知识

🎯 **学习目标**

1. 了解道德、职业道德的概念及其特点。

2. 掌握养老护理员的职业道德概念及其特点。

每个人都生活在复杂的社会之中，为了生存和理想的需要，都要从事自己力所能及或喜爱的职业。但不管你从事哪种职业，都要遵守你所从事职业的职业规范。

不同职业有着不同的职业要求，我们把这种职业要求称为"职业道德"。如救死扶伤、维护健康是医护人员的职责和职业道德；不怕牺牲、英勇奋战、保家卫国是军人的职责和职业道德。职业道德是社会化的角色道德，它不仅具有实践性，而且具有可操作性，是社会职业活动中表现出来的道德准则。

一、道　德

（一）道德及其特点

1. 道德的概念

道德是一种普遍的社会现象，是调整人与人之间、个人与社会之间关系的行为规范的总和。没有道德，社会就不能健康发展。

2. 道德的特点

（1）道德具有明显的社会性。道德融于各种社会关系之中，是根据人们的需求而逐步形成的，并广泛地干预人的社会生活。

（2）道德依靠社会舆论和个人信念发挥其作用来维护社会稳定和发展。

（3）道德的发展具有传统性。各个社会都有道德，但道德的内容不一样。道德随着社会的发展而发展，道德是经济基础的反映。

二、职业道德

（一）职业道德及其特点

1. 职业道德的概念

职业道德是人们在从事职业活动范围内所遵守的行为规范的总和。忠于职守是各行各业的道德的基本规范。

2. 职业道德的特点

（1）具有社会公共性和示范性。职业道德也是一种社会公德，这种道德是人们所期望的，对社会具有示范性。

（2）具有时代的特征性。因从业人员多，范围广，层次多，对社会影响也相应增大，职业道德是现实社会的主导性道德。

（3）具有实践性、可操作性。人们以公约、守则的形式使其具体化。

3. 职业道德的基本原则

我国社会主义道德建设的内容应包括："一个核心"，即为人民服务；"一个原则"，即集体主义；"五个基本要求"，即爱祖国、爱人民、爱科学、爱劳动、爱社会主义；"三个领域"，即社会公德、家庭美德和职业道德。社会主义职业道德是国家利益、集体利益和个人利益在根本上一致的原则，它是正确处理国家、个人关系的根本准则，也是衡量个人行为和品质的基本标准。

（二）养老护理员的职业道德

1. 养老护理员职业道德的概念

养老护理员职业道德是规定养老护理员如何运用公共的行为标准处理与老年人和老年人家属之间、与同事和社会之间相互关系的行为规范。学习和了解养老护理员的职业道德，是为了提高养老护理员本身的道德素质水平，更好地处理各方面的人际关系，发扬优秀的团队精神，使其和谐、稳定，不断提高为老年人服务的自觉性和养老护理工作的质量。

2. 养老护理员职业道德的特点

（1）爱国守法、明礼诚信、团结友善、勤俭自强、敬业奉献，是养老护理员基本的道德规范。

（2）养老护理员工作是一项新兴的行业，是社会所需的工作，在职业道德建设上还有不少内容有待于补充和完善。作为一名养老护理员，在工作中要充分发挥自己的能力，树立正确的劳动态度，维护老年人的社会权利，无论老年人的条件如何，都要同等地对待每位老年人。

第二节　养老护理员的职业守则

🕐 **学习目标**

1. 掌握养老护理员的职业守则。

2. 做到尊老敬老爱老。

养老护理员所从事的工作是以老年人为服务对象，以生活照料为主要内容的专业性服务工作，所以养老护理员的职业守则是以它的职业特点和服务对象的需要来确定的。

一、尊老爱老，以人为本

尊老爱老是中华民族的优良传统。2000 多年前，孔子教育后代对待老年人不但要"养"，而且要"孝"，要尊敬、孝敬老年人。现今我国 60 岁以上的老年人已超过我国总人口的 18%，有的地区已接近 30%，我国已完全进入老龄化社会。老有所为，老有所学，老有所养，老有所乐，老有所医，老有所终，已经成为全社会的道德规范。

养老护理员直接承担着照顾老年人的工作，肩负着养护老年人的社会责任。以人为本的优质服务，就是要以老年人为核心，在实际工作中设身处地为老年人着想，使老年人从养老护理员的工作中感受到全社会的尊敬与关怀。

养老护理员所从事的是一项助人的专业工作，是一项崇高的事业。养老护理员的责任就是要努力帮助老年人解决生活中的困难，解除他们心灵的孤独和身体的伤痛，使他们生活得舒适、安全、快乐，并对未来充满信心。

二、服务第一，爱岗敬业

养老护理员肩负着社会以及老年人子女的重托，从事的是一项建设新时代中国特色社会主义伟大事业的光荣工作，因此要牢固树立服务第一的思想观念。

要树立服务第一的思想，就要忠诚于这个专业，前提是要对老年人有爱心，做到与人为善，全心全意为老年人服务，视老年人为自己的亲人，时时处处想为老年人所想，急为老年人所急。只有树立服务第一的思想，把它作为工作行为的指导，并把它落实到各项为老年人服务的实处，才能赢得老年人的信任和社会的赞誉。

爱岗敬业是服务第一的服务意识的具体体现，也是养老护理员必备的重要素质之一。养老护理员只有具备爱岗敬业的思想，才能在工作上努力钻研，刻苦学习与专业工作有关的知识和技能。只有掌握了知识和技能，才能使自己有能力做好为老年人服务的工作。

三、遵章守法，自律奉献

1. 遵章守法

首先要遵守国家的法律、法规、法令。其次要遵守社会公德，遵守社会活动中最简单、最起码的公共生活准则。同时，要认真执行和遵守养老机构的各项规章制度。

2. 自律奉献

养老护理员工作不仅是繁重的体力劳动，也是复杂的脑力劳动，因此养老护理员要自觉地用道德规范和规章制度来约束自己的行为，这就是自律。任何人都离不开社会，彼此需要帮助，同时也应奉献社会。养老护理员奉献社会主要体现在敬业爱岗上。以不怕苦、不怕累的奉献精神帮助老年人，是一件崇高而有价值的事情。人生的价值，既要看对社会所做的贡献，还要看人格的价值。以人格为老年人做出奉献，会使我们的人生更有价值。

第二章

居家照护一般知识

第一节　居家照护者工作须知

学习目标

1. 掌握居家照护者的素质和基本要求。
2. 掌握居家照护服务的工作内容。
3. 能够按照工作须知进行工作。

案例导入

王女士，46岁，来自农村，近期来到城市，经老乡介绍准备从事养老服务工作。

思考：王女士是否需要接受岗前培训？岗前培训在学习照护技能的同时，应遵守哪些职业道德？还应掌握哪些养老服务的工作内容？

一、照护者的职业须知

（一）要有崇高的奉献精神

居家照护者职业道德的主要内容和出发点，是做好护理工作的基础。照护者放弃节假日休息，坚守在自己的工作岗位上，用辛勤的劳动换来老年人的身心健康，这就是奉献精神。

"替天下儿女尽孝，为亿万家庭分忧"，是我们服务的宗旨。照护者放弃个人利益，不断地增强责任感和自豪感，培养自己热爱老年人和自觉献身养老事业的高尚品德，为老年事业贡献自己的智慧和力量。

（二）要有熟练的技能技巧

只有愿为老年人服务的思想，而缺乏护理专业技能技巧，是无法完成工作任务的，所以扎扎实实地学习和掌握为老年人服务的过硬本领和相关的新知识及理念，是居家照护者服务质量提高的关键。必须做到边做边学，不断改进提高，才能使自己的工作跟上时代的节拍，自己也不会被社会所淘汰。

（三）要养成勤快而细致的工作作风

居家照护者应头脑清醒、反应灵敏、手脚勤快、动作迅速、干净利落地去完成老年人的护理工作。切忌养成懒惰、散漫、不遵守规章制度的坏作风。要养成忙而不乱、有条不紊、稳而不拖、全面周到的工作作风。按流程和个案完成护理工作，做到环环扣紧、心中有数，保证老年人的安全。

（四）要有热情和蔼的态度

居家照护者服务态度的好坏，直接影响老年人的情绪。照护者从上岗入户开始，老年人就希望从照护者的言行中获得安慰。照护者从着装上岗开始，就意味着进入"角色"。照护者24小时与老年人在一起，除负责日常生活起居及饮食等服务项目外，还担负着他人所替代不了的角色。

（1）照护者应观察老年人的异常变化，包括情绪、疾病的变化。

（2）照护者是老年人与他人沟通的桥梁。

（3）照护者是老年人的支持者。老年人就是亲人，照护者扮演的是子女的角色，代替子女照顾老年人，使老年人安心、家属放心。

（4）照护者绝不能带着情绪工作。把自己一些不愉快的情绪发泄在老年人身上，是极端错误的，也是绝对不允许的。

二、照护者的工作须知

（一）照护者的工作要求

1.提供生活照料，满足老年人的基本生活需求

当一位老年人来到照护者的面前，他的第一需要就是希望照护者为他解决生活问题，看似简单的吃喝拉撒、睡觉穿衣、翻身摆位、清洁卫生等工作对老年人都非常重要。

2.提供基础护理，减轻老年人的身体痛苦

需要照料的老年人，多数衰老与疾病并存，他们的老化使疾病增加，疾病的恶化又加快了老化的进程，逐渐在慢性病的基础上又发生了诸多的并发症，而且不易控制。这时，协助医护人员为老年人换药、服药、吸氧、吸痰、鼻饲、口腔护理、会阴护理、皮肤护理、初级救护等可能是照护者每天都要面对的工作。

3.提供康复护理，提高老年人的生命质量

虽然目前诊疗技术不断提高，死亡率已大幅下降，但高血压、动脉粥样硬化、糖尿病等疾病和瘫痪、智能障碍、失语等残疾，都会给老年人及家属带来很多痛苦，所以对老年人进行语言康复、肢体康复、心理康复等康复护理服务，也是照护者份内的工作。

4.提供心理护理，给老年人和家属以心理支持

面对衰老，无可奈何；面对疾病，一筹莫展；面对死亡，再亲密的人也无法陪伴同行。家属在心理上也承担着严重的压力。学习一些心理学知识，掌握一些沟通技巧，提供一些基础心理护理，给老年人和家属以心理支持，也是照护者应尽的责任。

5.提供临终关怀服务，维护老年人的生命尊严

居家照护者在老年人进入临终状态时，要多了解老年人的生理和心理反应，给予安宁疗护与心理支持，维护老年人的尊严。

（二）照护者的工作内容

1.生活照料

（1）清洁卫生：①能完成老年人的晨、晚间照料；②能为老年人清洁口腔；③能照料有压疮的老年人及预防压疮；④能帮助老年人修剪指（趾）甲；⑤能为老年人洗发、沐浴，以及进行床上擦浴和整理仪表仪容；⑥能为老年人更衣，更换床单以及整理老年人衣物、被服和鞋等个人物品。

（2）睡眠照料：①能帮助老年人正常睡眠；②能照料有睡眠障碍的老年人；③能分析造成非正常睡眠的一般和特殊原因并予以解决。

（3）饮食照料：①能协助老年人完成正常的进食和进水；②能照料吞咽困难的老年人进食、进水；③能协助医护人员完成高蛋白等治疗饮食的喂食；④能协助医护人员完成鼻饲进食。

（4）排泄照料：①能协助老年人正常如厕；②能采集老年人的大小便标本；③能对呕吐老年人进行护理照料；④能配合医护人员照料二便异常的老年人。

（5）安全保护：①能协助老年人正常使用轮椅、拐杖等助行器；②能对老年人进行扶抱搬移；③能正确使用老年人相关保护器具；④能预防老年人走失、摔伤、烫伤、噎食、触电及火灾等意外事故。

2．技术护理

（1）给药：①能配合医护人员协助完成老年人的口服给药；②能配合医护人员协助保管老年人的口服药；③能配合医护人员为压疮老年人换药；④能配合医护人员完成吸入法给药。

（2）观察：①能测量老年人的液体出入量；②能观察老年人的皮肤、头发和指（趾）甲的变化；③能对身体不适的老年人进行观察；④能测量老年人的体温、脉搏、血压、呼吸；⑤能对老年人的呕吐物进行观察；⑥能协助医护人员完成各种给药后的观察；⑦能观察濒临死亡的老年人的体征。

（3）消毒：①能用常规物理、化学消毒方法对便器等常用物品进行消毒；②能进行天然消毒和简单隔离；③能进行传染病的隔离。

（4）冷热应用：①能使用热水袋、冰袋；②能给老年人进行温水擦浴和湿热敷。

（5）护理记录：①能读懂一般的护理文件；②能进行简单正确的护理记录。

（6）临终护理：①能协助解决老年人临终的身体需求；②能完成尸体料理及终末消毒。

（7）急救：①能对外出血、烫伤、噎食、摔伤等意外及时报告并做出初步的应急处理；②能进行心脏按压和人工呼吸；③发生意外后，能进行止血、包扎、固定和搬运。

（8）常见疾病护理：能配合医护人员完成对老年人高血压病、冠心病、中风、帕金森病、糖尿病、退行性关节炎、痛风、便秘、阿尔茨海默症等常见疾病的护理。

（9）危重病护理：①能协助医护人员观察与护理危重病老年人；②能协助医护人员护理昏迷老年人。

（10）健康教育：①能对老年人常见病、多发病和传染病进行咨询与预防指导；②能对老年人的生活习惯进行健康指导。

3.康复护理

（1）肢体康复：①能配合医护人员帮助特殊老年人进行肢体被动运动；②能配合医护人员开展常用作业疗法；③能指导老年人使用各类健身器材。

（2）康复训练：①能对老年人的一般康复效果进行测评；②能完成群体康复计划的实施；③能完成个体康复计划的实施。

4.心理护理

（1）沟通与协调：①能对老年人的情绪变化进行观察，并能与老年人进行心理沟通；②能对老年人人际交往中存在的不和谐现象与矛盾进行分析指导；③能协助解决临终老年人的心理与社会需求。

（2）心理保健：能向老年人宣讲心理保健知识。

（3）情绪疏通：①能对老年人忧虑、恐惧、焦虑等不良情绪进行疏导；②能与老年人进行情感交流并予以心理支持。

第二节　居家照护者礼仪规范

学习目标

1. 了解护理礼仪的重要性及日常生活中的礼仪。

2. 熟悉礼仪的原则、特征及礼仪的作用。

3. 熟悉卫生、仪容、服饰礼仪的基本要求。

4. 掌握护理工作中的基本礼仪知识及礼仪要求。

5. 能按七步洗手法进行手的清洁消毒。

6. 培养照护者良好的职业素质和行为习惯。

7. 使照护者具有良好的职业礼仪修养。

周爷爷，76岁，患脑出血后遗症，一侧肢体偏瘫，穿衣、进食、洗漱等日常生活需要照护者帮助。某天中午，照护者小王为周爷爷戴围裙做进食前的准备，周爷爷突然大发脾气，大声呵斥小王戴围裙的行为并用手紧紧抓住小王的手臂。

思考：小王面对周爷爷突如其来的情绪应该如何有效地与其沟通？对于异性老年服务对象，小王在日常照护中应注意哪些礼仪？

一、照护者的卫生及着装礼仪

（一）居家照护者的卫生要求

居家照护者的工作对象是老年人。居家照护者的服务对象大部分年事已高，经历了人生种种坎坷，具有丰富的社会经验和阅历。他们见多识广，一般都有良好的审美观，所以居家照护者必须保持整洁文明的仪表、得体大方的着装，使自己的形象符合现代职业的要求。

1. 个人卫生

（1）头发：经常梳洗头发，保持整齐光洁。发型要朴实大方，不使用有浓烈气味的护发素，不留披肩发。长发的居家照护者工作时应把头发梳成发辫。

（2）面部：保持面部清洁卫生。可化淡妆，不要浓妆艳抹，不可使用有浓烈气味的化妆品。

（3）口腔：保持口腔清洁，无异味。饭后漱口，忌吃大蒜、韭菜等会产生较重气味的食物。

（4）手部：随时洗手，尤其是去过卫生间后，切记及时洗手。

（5）指甲：手指甲和脚趾甲应保持短而清洁。要经常修剪，不留长指甲、不染重彩指甲。过长的指甲会藏匿细菌，甚至有可能在工作中刮伤老年人的皮肤。色彩鲜艳的指甲会刺激老年人的眼睛，应特别注意。

（6）服装：衣服要经常更换，尤其要经常更换内衣。

（7）身体：经常洗澡。

（8）鞋子：鞋子要保持光亮整洁。应选择透气良好、干净、有弹性、柔软、舒适的鞋。最好是无鞋带、一脚蹬、无响钉的平跟鞋、低坡鞋或船鞋。

2.七步洗手法

第一步：洗手掌，流水湿润双手，涂抹洗手液（或肥皂），掌心相对，手指并拢相互揉搓。

第二步：洗背侧指缝，手心对手背沿指缝相互揉搓，双手交换进行。

第三步：洗掌侧指缝，掌心相对，双手交叉沿指缝相互揉搓。

第四步：洗指背，弯曲各手指关节，半握拳把指背放在另一手掌心旋转揉搓，双手交换进行。

第五步：洗拇指，一手握另一手大拇指旋转揉搓，双手交换进行。

第六步：洗指尖，弯曲各手指关节，把指尖合拢在另一手掌心旋转揉搓，双手交换进行。

第七步：洗手腕手臂，揉搓手腕、手臂，双手交换进行。

七步洗手法

（二）居家照护者的着装要求

照护者的工作装要干净整洁，朴素大方，色彩淡雅，衣裤搭配合理，扣子整齐不缺，领口、袖口简单利落，裤脚在鞋跟以上平脚面处。鞋子要求软底轻便，配上和肤色相近的袜子，不宜穿凉鞋或靴子，更不宜光脚穿拖鞋。女士着装忌短、忌露、忌透，忌穿内衣、睡衣和短裤进行工作。可以点缀一些简单的、不会造成伤害的布艺饰品，但是，工作时间严禁戴戒指。

二、照护者的工作礼仪

（一）照护者整洁文明的仪表

1.照护者的服务态度

照护者要经常保持微笑，表情要和蔼可亲。真诚的服务，能使服务对象产生亲切感、温暖感、诚实感、留恋感。对态度的基本要求是：主动、热情、耐心、周到、文明礼貌、尊重老年人和家属。主动即主动问候，主动服务，主动征求意见；热情即笑口常开，语言亲切，处处关心；耐心即要有"忍耐性"和"忍让性"，在繁忙时，不急躁，不厌烦，遇到老年人不礼貌时，不争辩，不吵架，保持冷静，婉转解释，得理让人；周到即服务工作面面俱到，完善体贴，细致入微，想老年人所想，急老年人所急，千方百计帮助老年人排忧解难。

2. 照护者的语言礼仪

照护者工作的对象是老年人，其角色既是服务者，也是"晚辈"，因而在礼貌用语上也较其他职业要求更高。

语言是人际沟通的重要工具，使用得体会促进人际关系和谐。记住，真正的礼貌就是克己，就是千方百计地使周围的人都像自己一样平心静气。

3. 照护者的举止礼仪

（1）姿态：照护者面对老年人、家属或来访者时，要使用好肢体语言。交谈时应正视对方，认真倾听。

（2）站姿：站立时注重形态，不得松垮，保持头正，颈直，两肩外展放松，挺胸收腹，立腰提臀，两腿须并拢，两手轻握于腹部或下腹部。

（3）坐姿：坐立时，上身端正挺直，两肩放松，下颌内收，颈挺直，胸部挺起，使背部和大腿成一直角，双膝并拢，双手自然放在双膝上，或放在椅子扶手上。谈话时，可以侧坐，此时上身与脚同时向一侧，把双膝靠紧后收。

（4）走姿：举止端庄，以轻为宜。工作中要穿袜子，并穿平底鞋。降低走动时发出的声响，以防影响老年人休息。走路时要轻快，眼睛平视前方。遇到紧急情况时，要小步快走。

（二）照护者的基本礼仪规范

1. 文明礼貌

居家照护者对待老年人应态度和蔼、诚恳，交谈时语气应温和、亲切，措词得当，称呼有礼貌，服饰得体，端庄大方，面带微笑，凡事用商量的口气与老年人沟通，切忌态度冷漠，言语生硬。居家照护者的微笑就像晴朗的天空、和煦的阳光，给老年人温暖舒适的感觉，给老年人自信和力量，鼓励他们战胜衰老，愉快地生活。

2. 助人为乐

居家照护工作是一个真正"助人"的专业，我们要帮助老年人树立信心，帮助他们建立重新生活的希望，解决他们生活中的困难，解除他们心灵的孤独和身体的伤痛，使他们生活得舒适、安全、快乐，充满信心和希望。

3. 自信自重

从事居家照护工作，是社会的需要，这也是一项高尚的工作。从事这项工作的人没有理由自卑自贱，应理直气壮地面对这项工作。有了这种自信和自重，对自己从事的工作给予充分的尊重，那么就会赢得别人的尊重。

4. 诚信可靠

讲真话，办实事，这是诚信可靠的具体体现。和老年人接触一定要实心实意地帮助他们解除困难，给他们切实的帮助，不能敷衍老年人，更不能欺骗老年人，要时刻牢记对老年人的服务承诺，多做实事，少喊空话，以实际行动取得老年人的信任，做一个被老年人信任的居家照护者。

5. 耐心倾听

爱唠叨是老年人的共性，当照护人员取得老年人的信任后，老年人就会把照护人员当成知心朋友，无论是喜事还是烦心事，都愿意告诉照护人员。照护人员不应把老年人的唠叨当成负担，更不能表现出丝毫的不耐烦，要耐心倾听。当涉及老年人隐私或不利于老年人之间团结的问题时，照护人员要注意保密，在老年人需要心理支持的时候，应及时给予安慰和鼓励，让老年人切身体会到照护人员的关怀与体贴。

6. 一视同仁

照护人员应重视工作细节，对老年人一视同仁，不厚此薄彼，不划分等级，不分贵贱，每做一件事都要考虑老年人的感受，不要让任何一位老年人因照护者的疏忽而受到心理伤害。尤其是在调解老年人之间的纠纷时，更应该把握好尺度，尽量使每个老年人都能接受。

7. 服务意识

老年人在性格、脾气方面都与年轻人有差异，表现为心理脆弱、敏感，往往因一句不爱听的话或一个不满意的动作就大发脾气。也有些老年人因记忆力减退，经常否认护理人员为其所做的工作，埋怨对自己照顾不周等。面对这些问题，照护人员要有很强的服务意识，应首先从自身找原因，及时改进工作方式，然后慢慢安抚老年人，用爱心感化老年人，切忌和老年人斤斤计较，更不可顶撞老年人，应用博大的胸怀宽容、体谅老年人。

第三节　居家照护者个人防护知识

学习目标

1. 了解居家照护者在身体方面需要防护的主要问题。

2. 了解居家照护者在心理方面需要防护的主要问题。

3. 熟悉应对不同防护问题所适用的方法。

4. 掌握居家照护者在工作中常见的压力和处理方法。

5. 掌握居家照护者应对冲突的正确方式。

6. 掌握照护者自我照顾的实用方法。

案例导入

　　张奶奶患有阿尔茨海默病，时常会在烦躁的时候发生摔东西、打人等情况。有一天，张奶奶打了隔壁邻居李奶奶一耳光，并且两人发生了口角，张奶奶随手拿起身边的剪刀就要刺李奶奶。

　　作为照护张奶奶的居家照护者，应当及时应对突发事件，并安抚好受伤人员。

　　思考：应对冲突有哪几种方式？面对这种情形，我们照护者应如何加强防范，避免自己受到伤害，同时也要注意保护好被照护者以及周边邻居以免受到伤害？如何对受到伤害的李奶奶一方进行安慰疏导？

一、照护者的个人防护

1. 预防跌跤

（1）保持健康：注意营养、休息、运动。

（2）工作谨慎：要求稳重、细致、谨慎。

（3）鞋子合脚：要求鞋子必须防滑、软底、合脚。

（4）光线充足：保持光线明亮。

（5）地面清洁：要求地面保持清洁、干燥、无油渍或溢出物。

（6）清理杂物：要求随时清除工作场所的障碍物。

（7）加强合作：注意与同事配合协作，如高空取物、搬抬重物或护理体重过重的老年人。

2. 预防肌肉拉伤

（1）合理安排运动：增强机体的平衡性和反应的灵活性，锻炼肌肉。

（2）做好准备活动：工作前应做好准备活动，如肩臂部、腰部、腿部，做一些简单的运动活络一下筋骨。

（3）注意局部保护：手臂要灵活，脚跟要站稳，避免急拉急拽，搬重物不要急转身或扭动背部，尽量使用辅助工具。

（4）受伤后处理：休息、冷敷、加压包扎、抬高患肢、热敷等。

3. 预防腰扭伤

（1）注意身体锻炼：经常进行适当的体育运动。

（2）避免腰部受凉：注意腰部保暖，一旦腰部受凉，即使轻微的动作也会将腰部扭伤，造成腰痛。

（3）避免环境潮湿：及时更换潮湿衣服，经常开窗通风、保持室内干燥。

（4）避免久坐：骨盆和关节长时间负重，椎间盘和棘间韧带处紧张僵持状态，易产生腰背疼痛僵硬，不能俯仰和转身，影响下肢血液循环，出现麻木，易伤。

（5）避免劳累过度：注意劳逸结合，避免用力过度或长时间维持一个姿势进行劳动。

4. 预防流行性感冒

（1）流行性感冒的概念：流行性感冒是指由流感病毒引起的一种十分常见的急性感染性呼吸道传染病，常见的症状包括高热、流涕、咽痛、头痛、肌痛等全身不适。

（2）个人预防措施包括注意保暖、加强体育锻炼、开窗通风换气，多饮水，勤洗手，戴口罩，口罩应每4小时更换1次等。其次，还应将被照护者用过的食具、衣物、手帕、毛巾等进行煮沸消毒，阳光曝晒，房间紫外线消毒等。

5. 预防胃肠炎

（1）胃肠炎的表现形式：恶心、呕吐、腹痛、腹泻，有时伴有发热。

（2）个人预防措施：保持良好的卫生习惯，食用安全食品，生吃瓜果要洗净，食品选料要新鲜，坚持饮食规律。

6. 预防来自老年人的伤害

（1）加强防范：老年人存在心理障碍或患有认知障碍时，在烦躁时，有可能发生摔打人或摔东西等，照护者在护理这类老年人时，应先做好评估，加强防范，避免自身受到伤害。

（2）注意危险物品：如果老年人有打人或摔东西的现象，须注意老年人居室内不要存放热水瓶、金属制品、棍棒、玻璃制品和其他容易造成他伤或自伤的物品。

（3）安全制动：对有打人行为的老年人，与家属沟通，征得家属同意后，适当采用四肢安全约束，约束后再进行有关生活照料和医疗护理等服务。

（4）察言观色：在为老年人服务时，要细致观察老年人情绪，如果发现有对抗现象，注意避免刺激对方，要好言相劝，取得老年人的配合。如果老年人烦躁严重，先暂时停止服务，报告医生及相关领导，待老年人情绪稳定后再继续照护。

7. 预防来自家属的伤害

（1）保持冷静：与老年人家属在沟通中发生冲突时，为了避免家属出口伤人或出手打人事件，照护者要保持冷静，不要与家属发生争吵，不要与家属发生肢体接触，应与家属保持一定距离或暂时离开现场，预防被打伤和事态扩大的发生。

（2）打"110"电话：如果家属不听劝告，动手打人，损坏东西，照护者拨打"110"报警，求助公安人员。拨打电话要讲清楚事故地点和求助者姓名。

（3）报告上级领导：尽快报告有关领导，由领导出面帮助解决。

（4）保护现场：如果发生损害行为，照护者要保护现场等公安人员到来，维持好现场秩序，阻止围观人员。

（5）如实反映问题：照护者要配合公安人员，如实汇报问题，提供自己掌握的情况和线索，配合公安人员解决冲突。

二、照护者的自我照顾

（一）照护者常见的压力和处理方法

1. 照护者在工作中常见的压力

（1）来自被照护者因素：包括失能、认知症、高龄、疾病等情况。

（2）来自被照护者家属因素：出现傲慢无礼、吹毛求疵等情况。

（3）来自照护者自身家庭因素：家人不理解，不赞成，感觉到丢面子等情况。

（4）来自社会因素：存在偏见、不受尊重等情况。

2. 常见压力的处理方法

（1）正确认识衰老、疾病和死亡。生老病死是每个人无法抗拒的自然规律，作为照护者，首先要端正自己的态度，和老年人一起接受死亡教育，正确认识衰老、疾病和死亡。

（2）正确认识与家属合作的重要性。在面对老年人衰老、疾病和死亡的时候，不但是老年人痛苦，其家属也同样遭受着痛苦，面临着工作规律打乱，陪伴父母并伴随情感上的失落和将失去亲人的恐惧。家属在这样急躁复杂的情绪支配下，常常会做出一些不尽人意的行为，照护者要理解家属的难处，给家属安慰和帮助，争取家属的配合，是排解压力、做好老年人照护的重要条件。

（3）正确认识养老护理的工作意义。目前我国处在人口老龄化加速发展时期，老龄问题已是国计民生的重大问题，也已渗透到我国经济发展和社会生活的各个领域。我国随着老年人口的增加，在人口结构上也呈高龄化、空巢化、少子化，生活不能自理的老年人需要长期照料，作为居家照护者的工作光荣而伟大。

（二）照护者自我照顾的实用方法

1. 营　养

注意自己的营养需求，补充水分，注重饮食多样化。

2. 交　流

照护者在欣赏自己的同时也要欣赏别人。每个人再优秀也会有不足的地方，再不好的人身上也会有自己的优点。要多与周围的人交流，发现周围人的优点。

3. 学习新知识

学习是人的终身课题，每个人要活到老，学到老，学习使人增长见识，提高认识，智慧头脑，心胸豁达。居家照护者要不断学习，不断提高。

4. 排解不良情绪

常言道"人生不如意事十之八九"。那就多想想剩下一两件高兴的事吧。

5. 不同环境的角色转换

照护者在不同的环境中扮演不同角色，如照护老年人，是一个照护者；回到家里，是一个妻子、丈夫、儿女；步入社会，要遵纪守法，遵守社会公德。

第三章

居家环境知识

第一节 居家环境布置知识

学习目标

1. 熟悉居室环境布置原则。
2. 掌握居室环境布置要求。

案例导入

孙爷爷夫妇，有一女儿，长期旅居国外。原住处在六楼，无电梯。孙爷爷和老伴患有多种基础疾病，上、下楼梯不方便，近日准备换至有电梯的新住处。

思考：新住处的居室环境布置应考虑哪些原则？居室环境布置要求有哪些？

一、居室环境布置原则

居室环境的好坏与每个人的生活质量密切相关。它包括自然环境及社会环境中的物质环境。居室环境布置应遵循以下原则。

（一）以人为本原则

营造舒适、安全、便利的居家和出行环境，是居室环境布置的首要原则，布置时应从人性化考虑。

（二）安全性原则

老年人由于身体机能衰退而出现功能下降或障碍，居室环境要考虑老年人生活起居的安全，避免各种潜在的危险因素，如地面不平整，太滑，桌子等家具有尖角等。

环境布置时应考虑下列几个方面。

1. 光线应充足明亮，空间易于识别。

2. 物品易于取放和操作，家具等要牢固稳定。

3. 安装智能装置：

（1）卧室床头桌、卫生间等处，安装紧急呼救装置。

（2）卧室床头安装应急电源及开关；卧室、客厅等主要空间安装光控小夜灯，便于老年人行走。

4. 无障碍设计，消除各种危险因素，防止撞伤、跌倒等意外事故发生。

（三）**舒适性原则**

居室的色彩简洁明亮，让老年人心理上舒适，符合老年人生理需求，空间布置应充分利用自然采光，辅以比较均匀的人工光源，提供多样化的活动与休息空间，为失能老年人提供较为舒适的居住空间。

（四）**便利性原则**

居室环境布置还应考虑便利性，如无门槛、台阶，便于轮椅进出；大门和卧室等出口宽敞，足够轮椅进出，卧室入口区域预留轮椅 360° 回转空间；室内空间保持防滑、无反光，方便使用拐杖、助行器的老年人行走；厕所坐式并加扶手；浴室安装凳子并加扶手；衣柜物品考虑取放方便等。

二、居室环境布置要求

（一）**室温及其调适**

老年人居室温度，一般夏季宜为 26℃～30℃，冬季宜为 18℃～22℃。室温过高会使神经系统受到抑制，影响机体散热；室温过低使人畏缩、肌肉紧张而产生不安。

（二）**湿度及其调适**

湿度为空气中含水分的程度，老年人居室以相对湿度在 50%～60% 为宜。如果湿度过高，使人体水分蒸发慢，老年人会感到气闷难受；如果湿度过低，空气干燥，人体蒸发大量水分，会引起老年人口舌干燥、咽痛、烦渴等不适。

室内应备有温度计、湿度计，以便随时检视变化而加以调节。室内温、湿度的调节方法，最好是用空气调节器，无条件时，可因地制宜，采取相应措施，如定时开窗通风可降低室温及室内湿度，可用暖气提高室温，在暖气片上放水壶提高湿度等。

（三）室内的光线要求

日光对于人类健康非常重要。冬天充足的阳光，可使老年人感觉温暖、舒适，居室内经常开启门窗，使日光直接射入，但应注意不要直射于老年人头面部，以免引起目眩，午休时可拉上窗帘，夜间应开地灯或夜光灯，有利于老年人休息入睡。

（四）安　静

安静的环境有利于老年人休息，反之，大声喧闹、重步行走等对机体都是不良刺激，会干扰老年人情绪，使其感到疲倦和不安，影响休息和睡眠。

（五）通　风

通风可保持室内空气新鲜，若居室通风不良，空气污浊，会增加呼吸道疾病传播的机会，同时污浊空气中二氧化碳含量的增高，老年人可出现头晕倦怠和食欲减退等症状。因此应定时通风换气，一般每次30分钟，每天2～3次，有条件时安装空气调节器，以利空气流通，居室内禁止吸烟。

（六）整齐、清洁

物品和床位摆放整齐，位置固定，居室保持清洁，定时用湿式清扫，以免灰尘飞扬。

（七）环境的装饰

居室的布局合理，墙壁、地面等应选择适宜的色彩，使老年人有美的享受；居室周围种植各种花木，走廊和室内可放置鲜花或常绿植物，这不仅可净化空气，而且能调节老年人情绪，增加老年人的舒适感。

第二节　居家环境卫生要求

学习目标

1. 掌握居室环境卫生基本要求。

2. 掌握周围环境卫生要求。

案例导入

孙爷爷夫妇搬入新住处后，请家政公司的王阿姨清扫居室。

思考：王阿姨在清扫居室、卫生间、洗浴空间等室内环境时，应达到哪些卫生基本要求？

一、居室卫生基本要求

（一）居　室

1. 每天湿式清扫，室内扫地、扫墙、扫床，抹桌椅、板凳、衣橱，都要做到"湿式作业"，防止尘土飞扬，保持整洁、空气新鲜，无异味。

2. 地面清洁、干燥、无水渍、无污渍及渣屑。

3. 床边、桌面、柜面及柜面物品表面无污渍、无灰尘。

4. 门帘、窗帘等物品无污渍、无尘土。

（二）卫生间、洗浴空间

1. 无异味。

2. 便器内外清洁无便迹、无污垢。

3. 地面、洗手盆台面、墙壁墙角清洁干燥、无水渍、无污渍及渣屑。

4. 通风。

5. 地面和地漏每天用消毒液消毒一次。

二、周围环境卫生要求

1. 整洁、无异味。

2. 地面无积水、无水渍、无污垢、无积存垃圾。

3. 墙面、窗户、天花板、灯具等，无污垢、无破损、无蜘蛛网等。

4. 走廊要求清洁、无杂物堆放，无积存的垃圾、无水渍。

第三节　居室整理要求

⚙ **学习目标**

1. 熟悉居室整理的基本方法。

2. 熟悉居室整理的注意事项。

👥 **案例导入**

　　孙爷爷夫妇，由于年老体弱，患有多种基础疾病，每天定时由王阿姨为孙爷爷夫妇整理居室。

　　思考：王阿姨可用哪些方法为孙爷爷夫妇整理居室？整理过程中需注意什么？

一、居室整理的基本方法

（一）基本方法

从上到下，从里到外，环形清理，干、湿分开，先卧室后厨房、卫生间、浴室，注意墙角。

1. 整理床面，叠好棉被，铺平床面，扫干净床上垃圾。

2. 整理桌面，将物品摆放整齐，小物品可放入抽屉或按大小规则排好，桌面擦干净。

3. 清扫地面，先用湿布拖地，干布拖干；再清扫地面，尘土垃圾收集。

4. 整理厨房，垃圾收集丢掉，台面用洗洁精配抹布擦干净，物品摆放整齐。

5. 整理卫生间、浴室，垃圾收集丢掉，台面用洗洁精配抹布擦干净，物品摆放整齐。

（二）感官标准

居室整理后要做到：四壁、地面、床上、家具、物品干净。其感官标准如下：

1. 墙壁无灰尘、蜘蛛网。

2. 地面无杂物、果皮、纸屑。

3. 棉被、床单、枕套表面无破损和污迹。

4. 家具、金属把手无污迹。

5. 茶具、冷水具无痕。

6. 灯具无灰尘、破损。

7. 房间卫生无死角。

8. 卫生间清洁、无异味。

9. 楼道无老鼠、蚊子、蟑螂、臭虫、蚂蚁、苍蝇等。

二、居室整理的注意事项

1. 门厅设座方便换鞋。门厅内最好能有座位供老年人坐下换鞋，座位或鞋柜旁有可供撑扶的台面，便于起坐时撑扶。

2. 客厅沙发高低软硬适度。沙发高度要注意，最好坐下去后，大腿与小腿的夹角在 90° 左右，以利于人体下肢血液循环。沙发过软会让身体陷进去，久坐造成腰痛，起身不方便。靠背高度最好方便枕靠，使人即使久坐，颈部也不会感觉太累。

3. 茶几高度便于取物。使用的茶几高度要便于人的腿脚能够舒展，使用台面物品要方便安全，俯身取物时头部不要过低。

4. 增加卫生间坐便器高度。老年人用的坐便器的坐高，最好比常规坐便器增加 2～3cm，以保证老年人坐姿时双脚着地，避免血液循环不畅，同时也便于老年人如厕后起身。

5. 居室布置整洁和谐。居室布置整洁，使人身心愉悦，利于消除疲劳；床单、棉被、枕套、门帘、窗帘、沙发巾、桌布等色彩整体和谐，能给人增添生活乐趣，带来活力；

适当种植一些绿色植物，能净化室内空气，也令人赏心悦目。

第四节 居室消毒隔离基本知识

学习目标

1. 了解消毒的基本知识。

2. 熟悉隔离的基本知识。

3. 掌握居家消毒、灭菌的方法。

4. 掌握居家常用消毒剂。

5. 掌握隔离的种类及措施。

6. 掌握居家常用隔离技术。

案例导入

孙爷爷，患有支气管炎8年，近日因受凉，出现咽痛、流涕、发热等上呼吸道感染症状，测体温38.7℃，脉搏108次/分钟，已送医院就医。由于是新冠肺炎疫情期间，按要求对孙爷爷住处环境进行消毒处理。

思考：孙爷爷所住居室及物品可用何种方法消毒？消毒液如何配置？操作者如何做好防护？

一、消毒的基本知识

（一）消毒及相关概念

1.清洁是指用清水、清洁剂及机械刷洗等物理方法清除物体表面的污垢、尘埃和有机物。目的是去除或减少微生物，但不能杀灭微生物。适用于地面、墙壁、家具等物体表面和一些物品消毒灭菌前的处理。

2.消毒是指用物理或化学方法消除或杀灭传播媒介上除芽孢以外的所有病原微

生物。但只能将有害微生物的数量减少到不致病的程度，不能完全杀灭微生物。消毒只对细菌的繁殖体有效，不能杀死细菌的芽孢。

3.灭菌是指用物理或化学的方法杀灭传播媒介上的全部微生物，包括致病微生物、非致病微生物和细菌芽孢。经过灭菌处理后，未被污染的物品称为无菌物品。

4.防腐是指防止或抑制微生物生长繁殖的方法。用于防腐的化学消毒药物，称防腐剂。

（二）常用消毒剂

1.乙醇，一般用于体温计消毒、物品表面消毒、预防压疮、物理退热等。

（1）体温计消毒：浓度75%。

（2）物品表面：如紫外线灯管，浓度95%。

（3）预防压疮：长期卧床的老年人因局部组织长期受压可引起压疮，用乙醇做局部按摩，浓度为50%。

（4）物理退热：老年人发生高热时可用乙醇擦浴，以达到降温目的，浓度为25%～50%。

使用乙醇时须注意：①使用时避火避电；②严格掌握浓度；③不用于伤口和黏膜；④避免体温低下；⑤避免误服；⑥注意储存。

2.84消毒液，用于医院、宾馆、餐饮业器具、食品加工行业、家庭等的卫生消毒。

（1）餐饮具的消毒：配置比例为，按消毒液∶水为1∶100稀释，浸泡消毒10分钟，然后用清水冲洗干净即可使用；

（2）手的消毒：配置比例为，按消毒液∶水为1∶800～1∶1000稀释，浸泡消毒2分钟；

（3）物体表面消毒：配置比例为，按消毒液∶水为1∶80稀释，浸泡或喷洒至湿润，消毒时间20分钟；

（4）传染病污染物体表面消毒：按消毒液∶水为1∶20稀释，浸泡或喷洒至物体湿润，消毒时30分钟。

使用84消毒液时须注意：①注意浓度及有效期；②避免腐蚀；③避免挥发；④避免刺激；⑤避免混合使用；⑥避免食品消毒；⑦注意保存；⑧避免误服。

二、消毒、灭菌方法

消毒、灭菌方法主要包括物理消毒灭菌法和化学消毒灭菌法。其中物理消毒灭菌法主要有干热、湿热或辐射等方法；化学消毒灭菌法主要使用液体或气体化学消毒剂达到消毒、杀菌的目的。虽然各种方法都有优点，但在使用上也存在局限性，居家应根据消毒物品种类、数量和所用设备的类型选择合适的消毒、灭菌方法。

（一）餐具的消毒方法

居家老年人使用过的碗、盘、筷、勺等餐具可用以下方法消毒。

1. 煮沸消毒：将洗净的餐具置入沸水中，一般 5 ～ 10 分钟可以杀灭细菌的繁殖体，达到消毒效果。

2. 蒸汽消毒：将洗净的餐具置入蒸汽柜（或蒸汽箱）中，或用锅加水煮沸后产生大量蒸汽消毒餐具，使温度升到 100℃，消毒时间 5 ～ 10 分钟。

3. 烤箱消毒：可用红外线消毒柜等，温度控制在 120℃左右，消毒时间 15 ～ 20 分钟。

4. 浸泡消毒：不耐高温的餐具，可用消毒液浸泡消毒，如 84 消毒液，配置比例为，按消毒液∶水为 1∶100 的稀释液，浸泡消毒 10 分钟，然后用清水冲洗干净即可使用。

（二）毛巾的消毒

照护者在照护老年人时，毛巾的使用非常频繁，毛巾会沾上人体分泌物，也会沾上许多致病微生物，所以必须做到每周不少于一次的消毒，消毒的方法如下：

1. 蒸汽消毒：将毛巾置入高压蒸汽锅中，加热保持 20 分钟，达到消毒效果。

2. 消毒剂消毒法：按 84 消毒液∶水为 1∶100 的稀释液，浸泡 10 分钟，浸泡后用清水冲洗干净即可。

3. 微波消毒法：将毛巾清洗干净，折叠好后置入微波炉中，运行 5 分钟即可达到消毒效果。

（三）床上物品、衣服、书籍等的消毒

1. 日光曝晒消毒法

床垫、被褥、毛毯、衣服和书籍等，可利用日光紫外线、干燥和热力作用，达到消毒目的。通常将物品放在阳光直射的位置，曝晒 6 小时，并定时翻动，使物品的各面都能受到日光直射。

2. 紫外线消毒法

紫外线消毒法：可用于空气和物品消毒。

（1）空气消毒：有效距离地面不超过 2m，消毒时间为 30 ～ 60 分钟。

（2）物品消毒：有效距离为 25 ～ 60cm，物体每一面照射时间为 20 ～ 30 分钟。因为紫外线的穿透能力差，所以在照射物体表面时，应将物品摊开或挂起，以扩大照射面，保证消毒效果。

（四）紫外线消毒实践技能操作

【目的】

利用紫外线的杀菌作用，使菌体蛋白光解、变性而致细菌死亡。

【评估】

室内面积、有无不能移动的老年人等。

【准备】

照护者准备：衣帽整齐、清洁，修剪指甲，洗手。

环境准备：环境整洁、温湿度适宜。

老年人准备：如为卧床老年人进行室内环境消毒，需给老年人屏风遮挡，大单盖护身体和皮肤，头部用支架，支架外覆盖稍厚的棉布遮挡头面部，告诉老年人闭上眼睛或用眼罩。

用物准备：紫外线灯、电源接头、支架、棉布（大单）、眼罩等。

【实施步骤】紫外线消毒法，见表 3-1。

表 3-1 紫外线消毒法

步　骤	操　作	要点说明
步骤一	1. 携用物至床旁 （1）将紫外线灯（车）携至床旁，距床头至少 2m，远离头部，如室内有卧床老年人，大单盖住身体，戴好眼罩 （2）打开灯管保护门的铁扣 （3）轻轻将灯管抬平（松开即可，灯管可自动卡住保持不动） （4）将房间内的杯子餐盒等盖好盖子	灯管与老年人保持一定的距离，保护皮肤及眼睛

续表

步　骤	操　作	要点说明
步骤二	2.连接电源 　　将电源插头插向插座底部	查看电源接通情况
步骤三	3.打开开关消毒 　（1）顺时针旋转控制按钮，调节消毒时间 　（2）向"开"字方向按下开关，对房间进行消毒 　（3）关闭日光灯 　（4）紫外线打开的过程中，要定时巡视房间的情况，确保卧床老年人的安全	消毒时间为30～60分钟，从灯亮5～7分钟后开始计时， 如发现老年人身体有不适，立即停止操作
步骤四	4.整理用物 　（1）照射时间完成后，紫外线会自动熄灭，向"关"字方向按下开关关闭紫外线灯 　（2）打开日光灯 　（3）拔掉电源插头，断开电源 　（4）向下按灯管，将灯管放回保护门内，并扣好铁扣 　（5）拉开窗帘，打开门窗（卧床老年人：拿取保护老年人所用的大单。能活动的老年人：查看老年人情况，开窗通风30分钟后，请老年人回房间） 　（6）将紫外线灯移走，灯管用清洁的棉布擦拭，放回原处	老年人皮肤如有异常，做好处理 保持灯管清洁
步骤五	5.记录登记 　　在紫外线消毒登记本上登记并签名	紫外线灯管须记录消毒时间，累计超过1000小时，须更换

【注意事项】

1.环境要保持清洁干燥无尘，室内适宜温度在20℃～40℃；适宜湿度为40%～60%。

2.灯管保持清洁，每隔两周用95%乙醇棉球擦拭一次。

3.消毒时间须从灯亮5～7分钟后开始计时，照射后房间应及时通风换气，开窗通风时，注意室内老年人的保暖，防着凉。

4.使用紫外线消毒时，人员应离开房间，若老年人不能离开房间，要注意保护眼睛、皮肤，一般肢体用被单遮盖，眼睛戴墨镜或用纱布覆盖，嘱咐老年人不要直视光源，以防发生角膜炎及皮肤红斑。

5.准确记录消毒时间，紫外线灯管的使用寿命是1000小时，超过此时限应及时更换。

6.定期检测灯管的照射强度，以保证紫外线灯管的消毒效果。

三、隔离的基本知识

（一）隔离的概念

隔离是将传染源和高度易感人群安置在指定的地方和特殊的环境中，使其暂时避免与周围人群接触。对前者采取传染源隔离，以防止传染病病原体向外传播；对后者则采取保护性隔离，即保护高度易感人群免受感染。

（二）居家隔离种类及措施

根据传染源传播途径的不同，常见的隔离种类及隔离措施如下：

1.呼吸道隔离 适用于通过空气中的气溶胶（飞沫）短距离传播的感染性疾病。如流行性感冒、流行性脑脊膜炎、肺结核、百日咳、腮腺炎、麻疹、新型冠状病毒肺炎等。

隔离措施：

（1）同病种老年人可同住一室，关闭通向走廊的门窗，防止病原体随空气向外传播。

（2）照护者接触老年人时，必须戴口罩、帽子，保持口罩的干燥，必要时穿隔离衣、戴手套。

（3）室内空气紫外线照射或使用消毒液喷雾消毒，每天一次，并保持空气流通。

（4）老年人口、鼻分泌物须经严格消毒后再倾倒，痰杯按要求消毒。

2.消化道隔离 适用于由老年人粪便直接或间接污染的食物或水源而传播的疾病，通过隔离可切断粪—口传播途径。主要包括伤寒、细菌性痢疾、甲型肝炎、病毒性胃肠炎等疾病。

隔离措施：

（1）同病种老年人可同住一室，做好床旁隔离，挂隔离标志。

（2）老年人相互间禁止交换书报、用物等用品。

（3）室内防蝇、防蟑螂设备应齐全、有效，并做到无蟑螂、无老鼠。

（4）食具、便器等各自专用，并严格消毒。剩余食物及排泄物须经消毒处理后再倾倒；被粪便污染的物品要随时袋装，做好标记消毒或焚烧处理。

（5）接触不同病种的老年人时，应更换隔离衣，消毒双手。

3. 保护性隔离　又称"反向隔离"，适用于抵抗力低下或极易感染的老年人。

隔离措施：

（1）老年人住单人间。

（2）为了保护老年人，照护者在照护老年人时，应洗手，戴口罩、帽子，穿隔离衣、隔离鞋等。

（3）室内空气、地面、家具均应严格消毒。

（三）实践技能操作

1. 帽子、口罩的使用

【目的】

戴帽子可防止照护者的头发散落、头屑飘落或被污染物污染；戴口罩可保护老年人和照护者，避免互相传染；防止飞沫污染无菌物品、伤口或清洁食物等。

【评估】

帽子的大小，口罩种类、有效期，隔离的种类等。

【准备】

照护者准备：衣帽整齐、清洁，修剪指甲、洗手。

环境准备：环境整洁、温湿度适宜。

用物准备：准备合适的帽子、口罩。

【实施步骤】帽子、口罩的使用，见表3-2。

表3-2　帽子、口罩的使用

步　骤	操　作	要点说明
步骤一	1. 洗净双手	按七步洗手法进行
步骤二	2. 戴好帽子 　戴帽子时应将头发全部遮住，前帽沿齐眉，后帽沿齐枕，两侧帽沿在耳上；并保持清洁	大小合适，全部遮盖头发

续表

步　骤	操　作	要点说明
步骤三	3. 戴好口罩 （1）纱布口罩：将口罩罩住鼻、口及下巴，口罩下方带系于颈后，上方带系于头顶中部 （2）外科口罩： 1）将口罩盖住鼻、口及下巴，口罩下方带系于颈后，上方带系于头顶中部 2）将双手指尖放在鼻夹上，从中间位置开始，用手指向内按压，并逐步向两侧移动，根据鼻梁形状调整鼻夹 3）调整系带的松紧度，检查闭合性 （3）医用防护口罩： 1）一手托住防护口罩，有鼻夹的一面背向外 2）将防护口罩遮住鼻、口及下巴，鼻夹部位向上紧贴面部 3）用另一只手将下方系带拉过头顶，放在颈后双耳下，再将上方系带拉至头顶中部 4）将双手指尖放在金属鼻夹上，从中间位置开始，用手指向按鼻夹，并分别向两侧移动和按压，根据鼻梁形状调整鼻夹 5）检查：将双手完全盖住口罩，快速呼气，检查密合性，如有漏气应立即调整鼻夹位置	根据用途选择口罩，口罩应干燥、无破损 如果系带是耳套式，分别将系带系于左右耳后 不应一只手提鼻夹 确保不漏气 不应一只手提鼻夹 应调整到不漏气为止
步骤四	4. 摘下口罩 1）洗手后先解开下面的系带，再解开上面的系带 2）用手指捏住系带将口罩取下置于医疗垃圾袋内	如果是纱布口罩，应每日更换，清洗、消毒；如果是一次性口罩，脱下后放入污物袋 取下时不可接触污物面
步骤五	5. 摘下帽子 洗手后取下帽子	如果是布制帽子，每日更换，清洗、消毒；如果是一次性帽子，脱下后放入污物袋

【注意事项】

（1）按要求选用不同种类的口罩，始终保持清洁、干燥；口罩潮湿、污染，应及时更换，脱口罩前后应洗手。

（2）帽子大小要合适，能遮住全部头发，布制帽子保持清洁、干燥，每次或每天更换。

（3）一次性口罩、帽子使用后应放入医疗垃圾袋内集中处理。

2.洗手与手的消毒

【目的】

除去手部皮肤污垢及大部分暂住菌，切断通过手传播感染的途径。

【评估】

手污染的程度。

【准备】

照护者准备：衣帽整齐、清洁，修剪指甲，取下手表、饰物，卷袖过肘。

环境准备：环境整洁、宽敞，温湿度适宜。

用物准备：流动水洗手池设备（无此设备的可备消毒液、清水各一盆），洗手液或肥皂，消毒刷，消毒小毛巾，干手器或纸巾，必要时备护手液或速干手消毒剂。

【实施步骤】洗手与手的消毒，见表3-3。

表 3-3　洗手与手的消毒

步骤	操作	要点说明
步骤一	1.按类型准备 有洗手池设备： 　1）打开水龙头，调节合适水流和水温 　2）淋湿双手，水温适当 卫生洗手法： 　1）在流水下，使双手充分淋湿 　2）取适量洗手液或肥皂（皂液）均匀涂擦至整个手掌、手背、手指和指缝 　3）揉搓双手，步骤详见第二章第二节照护者个人卫生 刷手法： 　1）用手刷蘸洗手液按前臂→腕部→手背→手掌→手指→指缝→指甲顺序彻底刷洗后用流水冲净 　2）按上述顺序再刷洗一次 　3）冲洗擦干，打开水龙头，在流水下彻底冲净双手，用擦手纸或毛巾擦干双手或干手器烘干双手；必要时取适量护手液护肤	水龙头最好是感应或用肘、脚、膝控制的开关 水温适当，过冷或过热会使皮肤干燥 揉搓双手至少15秒 揉搓双手所有皮肤、包括指背、指尖和指缝 刷手法，每只手刷30秒，两遍共2分钟；刷洗范围应超过被污染范围；手刷、洗手液应每日更换。 冲洗时手指向下，从肘部向指尖方向冲洗，避免溅湿工作衣，冲水后立即关闭水龙头，擦手毛巾应保持清洁、干燥，每日消毒

续表

步骤	操作	要点说明
步骤一	无洗手池设备： 浸泡消毒法： 　1）浸泡双手：双手浸泡在消毒液中 　2）揉搓擦洗：用小毛巾或手刷刷前臂 → 腕部 → 手背 → 手指 → 指缝 → 指甲顺序擦洗 　3）用清水洗净后用清洁毛巾或擦手纸擦干双手或在干手器下烘干双手 卫生手消毒： 　1）涂消毒剂：按洗手步骤洗手并保持手的干燥，取速干手消毒剂（作用快、不损伤皮肤、不引起过敏反应的消毒剂）于掌心，均匀涂抹至整个手掌、手背、手指、指缝，必要时增加手腕和及腕上 10cm 　2）揉搓待干：按照揉搓洗手的步骤揉搓双手，揉搓时间不少于15秒，直至手部自然干燥	浸没肘部及以下 根据消毒液的性质浸泡2～5分钟 符合洗手的要求和特点 消毒剂作用速度快，不损伤皮肤，不引起过敏反应 保证消毒液完全覆盖于手部皮肤，揉搓时间至少15秒，自然干燥
步骤二	2.整理洗手周围环境及用物等	

【注意事项】

1.注意调节合适的水温、水流量，避免水流过大，以防污染周边环境。

2.洗手流程正确，手的各个部位要洗到、冲净。注意指尖、指缝、拇指、指关节及皮肤皱褶等处，范围为双手、手腕及腕上10cm。洗手时要反复揉搓使泡沫丰富。

3.洗手时身体应与洗手池保持一定的距离，以免工作服擦碰水池边缘或溅湿。流水冲洗时，腕部应低于肘部，使污水流向指尖。

4.水龙头最好采用感应式或用肘、脚踏等控制的开关。

5.擦手巾应保持清洁干燥，每日消毒。

6.消毒前手应该是干燥状态，以保证消毒效果。

7.涂擦彻底，无遗漏。应特别注意指尖、手指、指蹼及指缝等部位的涂擦。

第四章

居家安全防护知识

第一节 安全防护基本规范

学习目标

1. 了解居家适老化环境设计的原则。
2. 熟悉室内照护环境的设计。
3. 熟悉适老辅助设备的应用。
4. 掌握照护者安全防护基本规范。
5. 能按规范正确使用适老辅助设备。
6. 在各项操作中严格遵守操作规程。
7. 操作态度认真，工作细致。

案例导入

　　黄奶奶，75岁，患有高血压20余年，5年前突发脑血栓，治疗后能正常沟通，左侧肢体肌力减弱，右侧肢体活动正常，与老伴家中居住。

　　作为照护黄奶奶的照护者，如何对老年人进行居家安全防护？

　　思考：可用哪些方法确保室内环境安全？其居家适老化环境设计的原则是什么？如何进行室内安全照护环境的设计？如何安全规范地应用适老辅助设备？同时，照护者如何做好自我防护？

一、居家安全防护基本规范

（一）居家适老化环境设计

居家适老化环境设计是指在住宅中充分考虑到老年人的身体机能及行动特点，做出相应的设计，包括实现无障碍设计，引入急救系统等，以满足已经进入老年或即将进入老年群体的生活及出行需求。

（二）居家适老化环境设计的要求

居家适老化环境设计影响着老年人的居住安全性和舒适度。在环境设计时，应首先充分考虑老年人的特点，本着"一切为了老年人，一切方便老年人"的"以人为本"原则进行人性化设计。由于老年人身体机能衰退甚至出现功能障碍，环境设计时应充分考虑他们在移动、视力、听力等方面的特点，减少各种潜在的危险因素，同时要考虑老年人的居住体验，尽可能设计安全、方便，并能从生理和心理上促进其舒适的环境。环境设计还需考虑到老年人特殊照护的需要，留出照护空间。如失智症老年人会出现多疑、猜忌等精神行为症状，甚至出现幻觉和妄想，与健康老年人同住一个区域时会有冲突的可能。因此，其活动场所应独立成区，专门看护，以保障老年人安全。而且，随着年龄的增长，老年人身体功能下降，环境设计应尽量弥补其生理上的不足，满足照护需求。如老年人对明暗转换的适应能力较差，过强的光线反差会造成行动不便，因而应加强照明的均匀性；居住区的空间、场地、标识性设施宜有明显的个性化特征。

（三）室内照护环境的设计

1. 房屋设施

（1）无障碍设施：在室内空间、门厅过道地面、房屋门窗开关、出入口、上下台阶、栏杆扶手等建立无障碍设施。

（2）活动空间：相应设施考虑功能障碍老年人的使用需求；室内过道、出入口、公共空间需留够轮椅和助行器的活动空间。

2. 家具家电

家具应从实用性出发，宜少不宜多，做到"无障碍"。家具简洁，室内生活空间宽敞无阻，方便老年人行动。如沙发避免采用"3+2"或者L形模式，餐桌避免传统的"一桌几椅"；餐桌、柜子等家具宜圆角圆棱（或加装防护垫），其他家具外露部分也尽量减少尖锐的棱角，以避免老年人磕碰伤；床、沙发、椅子不宜过软、过深和过矮，座面高度以老年人上身与大腿能成直角为宜，最好设扶手，方便老年人站起；家具摆放坚固稳定，位置相对固定，高低大小尺寸适宜，方便物品取放。柜子过高、大抽屉低于膝盖、家具带轮子、家具摆放挡道或经常变动位置等对于老年人来说都是危险因素。

尽量采用智能型家电，如电水壶带自动保温功能、电饭煲带预约功能等。安装可视门铃，门铃一响，房间里的指示灯即亮起，使老年人更加方便快速地知道客人来访。卫生间门口设置"不活动通知"，与物业或者服务台连通。若老年人未在规定时间内通过设置了报警的区域，设备将自动报警，避免老年人在室内发生意外无人知晓。另外还可安装紧急呼救装置、红外报警装置、应急电源、光控小夜灯等，确保老年人安全。

3. 室内环境

室内环境设计宜一体化设计，适合老年人生理特点和使用需求。

（1）地面与墙：地面平整，选择防滑防跌倒防撞伤的安全材料；地面材料统一，避免凹凸花纹，以减少老年人判断高低深浅的困难；地毯防止移动或卷边，小地毯牢固固定；墙面避免反光性强和质地粗糙坚硬的材料，选择即使碰撞刮擦也不会受伤的材料；墙上无突出物和锐角，墙角可做小圆角处理或选用弹性材料做护角，降低老年人跌倒碰伤风险；如使用轮椅，距地 20 ～ 30cm 高度范围内可作墙面及转角的防撞处理。

（2）照明设施：老年人视力下降，应保证光线充足。根据不同要求设置深夜照明（深夜去卫生间）、门厅走廊、一般照明（餐厅、客厅、厨房、卫生间）、局部照明（书写阅读、精细作业）等的亮度；尽量采用多光源照明，不宜采用单个过亮的灯照明，避免彩灯等光强度突变。进门处和卧室床头开关宜选用宽板防漏电式按键开关或带照明的开关，插座的位置、数量、高度合适；在走廊、卫生间和厨房的局部、楼梯、床头、厨房操作台和水池上方、卫生间化妆镜和盥洗池上方、室内转弯、高低差变化等易滑倒处都应安排适量灯光；走道、楼梯（距地 40cm 处）、卧室、客厅等主要空间设置起夜灯，光感控制，便于老年人起夜通往卫生间。

（四）适老辅助设备应用

适老辅助设备是指适合老年人在一定环境下使用的，能辅助老年人克服特定环境障碍，发挥老年人潜在功能和补偿照护者照护能力的设备。对于失能老年人来说，适老辅助设备在老年人日常生活照料、康复、护理过程中起着重要的作用。其功能主要有：

1. 环境安全保护功能　维护老年人日常生活的安全性，减少意外事故的发生。

2. 照护能力补偿功能　照护者可以通过辅助设备实现失能老年人的安全转移，辅助完成老年人沐浴、如厕等日常生活照料，减轻照护强度，提高工作效率。

3. 生活自理能力提高功能　老年人由于生理功能的退行性改变，会出现各种不同的功能障碍，通过辅助设备，补偿或代偿老年人的功能障碍，提高生活自理能力，维护老年人尊严。

适老辅助设备在我国推广普及率还比较低，很多失能或半失能的老年患者常年躺在床上，生活质量很低。辅具在我国应用有限的原因主要有以下几个方面：

1. 伤害自尊　不少老年人担心别人笑话，即使步履蹒跚也不愿使用拐杖，还有些老年人认为只有残疾人才需要使用辅具。

2. 了解不足　多数人对适老辅助设备的认识仅停留在轮椅、拐杖上，对这些设备在改善起居、洗漱、如厕、移位等方面的作用不了解。

3. 购买随意　很多人在选择辅具前，没有经过专业的身体评估，要么认为越贵越好，要么认为都差不多随便买。

4. 使用不合理　比如老年人借助腋拐行走时，应主要靠手来使劲，但不少老年人习惯性地把拐杖夹于腋窝，使重力长期集中于腋下，导致臂丛神经损伤，手麻无力，增加了跌倒的风险。

我国老年人口基数大，老龄化速度快，随着相关知识的普及，适老辅助设备进一步推广及应用，主要包括以下一些。

1. 如厕类辅具

失能的老年人存在一定的如厕困难，如卫生间面积小不利于轮椅的回转；卫生间的门窄小不利于轮椅通过；马桶设计不合理使轮椅无法接近等。如厕类辅具的使用可一定程度上方便老年人如厕。

（1）适老化坐便器：适老化设计的坐便器可以有效缓解长时间蹲便导致的如厕困难，保障安全。患有慢性关节炎且使用轮椅的老年人，坐便器的高度与常用的有所不同，采用可以调节高度的坐便器，使老年人坐下后双足足底完全接触地面，使其获得安全感，保持坐平衡，以顺利排便。同时，由于老年人易出现便秘，如厕时间较长，突然站立易出现眩晕等症状，导致摔倒。因此，在坐便器两旁应安装辅助性把手，帮助老年人离开坐便器。

（2）可穿戴大小便收集处理系统：可穿戴大小便收集处理系统包含主机、护理床垫、护理裤、护理罩及收集袋等组成部分，可 24 小时穿戴且全自动工作，能自动感应、冲水、烘干、冷水加热、除菌循环、收集污物、记忆排泄次数，使用时无异味、无污染。

2.移位类辅具

移位类辅具可协助失能老年人实现安全移位，减轻照护者工作强度，降低照护风险，如协助老年人离床、上床、乘坐轮椅、如厕和洗浴等，是老年照护的重要辅助设备。

（1）辅助腰带：合适的移动专用辅助腰带可协助维持坐姿和站立困难的老年人移动时保护和支撑腰部。对于步行困难或不能单独完成短距离移动的老年人，腰带可协助其以相对容易的姿势完成移动，如从床上移动到轮椅，或从轮椅移动到座便器。入浴时选择专用的移动照护腰带（腰带上有进行过特殊防滑处理、遇水也不易滑脱的宽衬垫）。腰带应弹性、大小、松紧适宜。老年人如果能够靠自身力量保持站立，可选择垂直把手（把手与地面成直角），否则选水平把手（把手样式为水平），可以更有效地使用上肢。辅助腰带不仅有助于老年人在保持身体平稳的情况下完成移动，同时还能减轻照护者的负担。使用时，先把大拇指套进把手，再调整其他手指，以保持手腕的力量，同时把手要靠近老年人后背中央，以缩短照护者和老年人的距离，协助节力。如果老年人体重较重，照护者也可以系上腰带，必要时还可佩戴肩带。

（2）移动板：使老年人在保持现有的卧姿或坐姿的状态下对其进行移动，主要用于将老年人从床上移动到轮椅上。移动板两端，即现位置到目的位置间，其空隙需在 10cm 以下，移动板两端分别有 15cm 延伸，以保证安全。同时卸下轮椅的扶手和脚踏板，调节床的高度比轮椅座椅略高，以提高移动效率。

（3）移位车：帮助没有自理能力的老年人在轮椅、床、坐便器、浴缸等设施设备之间转运。此类设备由照护者操作，利用专用吊具的升降功能和小脚轮的移动功能，实现老年人的移位。家庭可以根据设备的空间需求和老年人的需求购买。移位之前向老年人做好解释，取得配合，检查移位机功能是否良好。操作过程中应保障老年人的安全。

（4）顶置轨道移位系统：又称为天轨移位系统，由通过安装在楼顶或者房顶的铝合金特制轨道，使用吊机或者吊衣前行或后退，上升或下降，达到无障碍移位，可用于老年人移位、如厕、步行训练、沐浴等，不仅能够安全、舒适、方便快捷地移动老年人，同时能够减轻照护者的工作强度。

3.沐浴类辅具

帮助失能老年人自在且有尊严感地完成洗浴过程，是老年照护人文关怀的重点。在帮老年人选择洗浴类辅具的时候，首先要评估老年人的自理能力，了解其能否在家洗澡，怎样进入浴室，在浴室内能否站立或者保持平稳的坐姿。

（1）普通沐浴椅：沐浴椅种类繁多，有高度可调节型、椅背型、扶手型、座面旋转型、扶手可上调型、墙上装折叠型等。选择洗浴椅时最重要的是要考虑老年人坐在椅子上是否舒适平稳、进出浴室及站立时是否方便、放置椅子后是否有足够的自行洗浴或照护空间。

（2）电动沐浴椅：电动沐浴椅具有升降功能，能够实现与护理床的水平对接，洗浴中可根据舒适度调节高度和背靠角度，减轻照护者弯腰导致的不适，提高照护工作效率。

（3）边进式浴缸：全开放式进出设计，免除了老年人抬腿跨入浴缸的困难和危险，为老年人进出浴缸提供了极大的便利。轻度失能老年人和部分重度失能老年人若为无法站立者，照护者可以平面移位方式帮助失能老年人进入浴缸座。浴缸设有控制面板，可预约设定、语音提醒、洗浴模式设定，如按摩模式、调节水温高低、放水及定时提醒。当紧急按钮被按下时，系统立即快速排水并报警。

4.适老助听、助视类辅具

随着老年人年龄的增加，听力、视力障碍者增多，给日常生活带来诸多不便。适老助听、助视类辅具的使用在一定程度上为老年人日常生活带来便利，提高生活质量。

（1）适老助听器

适老助听器包括气传导助听器和骨传导助听器两种。

1）气传导助听器一般是通过一个或多个麦克风收集声音，再通过助听器中的芯片算法对声音进行不同频段的放大，压缩处理，最终将处理后的声音通过放置在耳朵里的耳机传递到内耳中。气传导助听器包括耳背式助听器、定制型助听器等。由于老年人耳道皮肤薄、脆弱，因而耳背式气传导助听器更适合老年群体。

2）骨传导助听器是不经过外耳和中耳，通过颅骨将声音直接传递到内耳的听觉神经。相比于传统的气传导助听器，骨传导助听器使用起来更加简便舒适，听到的声音更加逼真，多采用外挂式，不与耳道接触，更适合老年人佩戴。

（2）适老助视器

适老助视器是指能够提高和改善老年人视觉功能，克服视力功能障碍的装置。由于个体的差异和用眼的特点不同，应依据老年人的生活习惯和不同活动选择合适的助视器，如户外活动可选远用助视器，阅读可选近用阅读助视器。

5.防压疮适老辅具

老年人由于感觉减退、反应迟钝、认知功能障碍等，压疮发生率高。压力转换型床垫是专为减轻长期卧床病人的烦恼和痛苦，减轻照护者劳动强度而设计制造的，适用于长期卧床病人，是目前预防压疮比较有效的辅具。防压疮床垫使用时应定期对两个气囊轮换充气和放气，使卧床老年人身体着床部位不断更换，既起到人工按摩的作用，又可促进血液流通、防止肌肉萎缩。

6.适老助行器

助行器是指能够辅助支撑人体体重、保持平衡和行走的工具，接触地面越大，重心越低，其稳定性越好。主要包括拐杖、步行器等。选用助行器时应遵循以下几个原则：明确使用目的，如室内外活动、载物、提供座位等目的；了解老年人的身高、体重、全身情况、患病程度及肢体功能障碍情况；全面评估老年人的平衡能力、下肢承重能力、下肢肌力、步态和步行功能、上肢肌力及手的握力与抓握方式等；充分考虑老年人的居住面积、斜坡、楼梯和地面等环境情况；判断使用过程中可能出现的危险，以及对危险状况进行及时调整和应对；考虑老年人的生活方式和个人爱好。

（1）**拐杖**

拐杖主要用于下肢残疾者的长距离行走，用以支撑体重，保持平衡，锻炼肌肉、辅助行走。适用于平衡障碍、下肢无力、骨折、截肢、截瘫等。拐杖主要分为以下几类：

1）**腋杖**：适用于截瘫或下肢外伤较严重而上肢功能正常者，其高度应为身长减去41cm。

2）**前臂杖**：适用于握力较差、前臂力较弱但又不必使用腋杖者。

3）**手杖**：适用于平衡下肢，其高度为老年人肘关节屈曲150°，腕关节背伸，小趾前外侧15cm处至背伸手掌面的距离（见图4-1，图4-2）。

双下肢瘫者可选用双腋杖，单下肢瘫者可选用一侧腋杖；肱三头肌肌力减弱时选用上臂杖；肘关节稳定性差时选用上臂杖或腋杖；腕关节稳定性差时选用有腕关节固定带的前臂杖或腋杖。

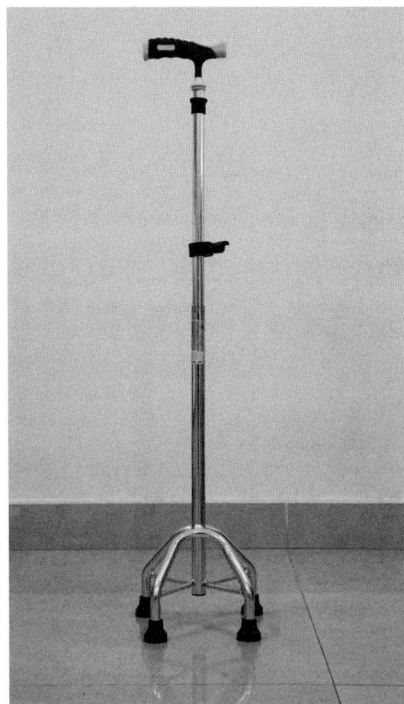

图4-1　手杖

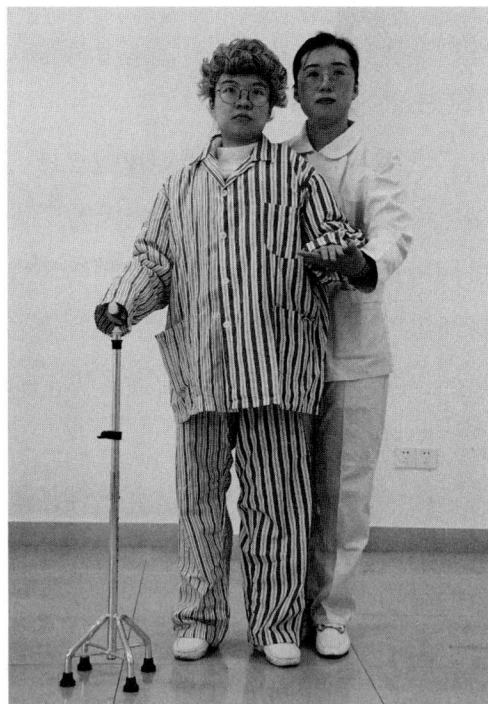

图4-2　手杖使用

（2）步行器

由于老年人运动功能、平衡功能和步行能力随年龄的增长而逐渐退化。通过相应的辅助工具可以帮助老年人维持身体的平衡性，完成日常生活活动。步行器应支撑性稳定、坐具舒适，同时具备便携、方便操控和调节的功能。选择步行器时，扶手高度要合适，框架稳定性好（见图4-3至图4-5）。

图4-3　步行器正面

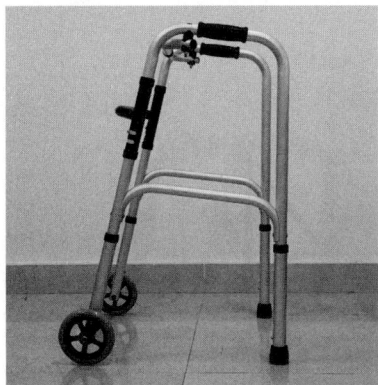

图4-4　步行器侧面

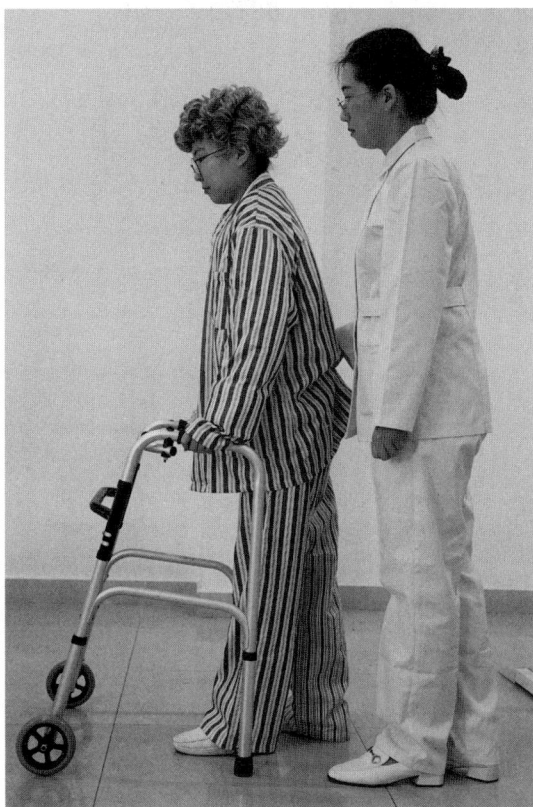

图4-5　步行器使用

（3）轮椅

轮椅不仅是肢体伤残老年人的代步工具，也可以借助轮椅进行功能锻炼和参与社会活动，使老年人在生活中实现自理，并获得心理支持与康复（见图4-6至图4-9）。

1）座位宽度：坐下后轮椅两边各有2.5cm的空隙。

2）座位长度：坐下后臀部至小腿腓肠肌之间的水平距离减6.5cm。

3）座位高度：坐在轮椅上，膝关节屈曲90°，足底着地，测量腘窝至地面的距离。

4）靠背高度：低靠背，坐面至腋窝的距离减 10cm；高靠背，坐面至肩部或后枕部的实际高度。

5）扶手高度：上臂垂直，前臂平放于扶手上。椅面至前臂下缘的高度加上 2.5cm。

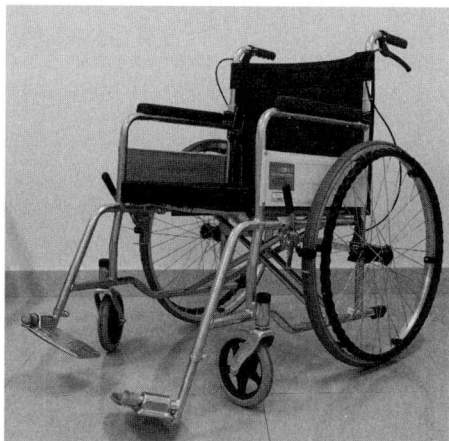

图 4-6 轮椅

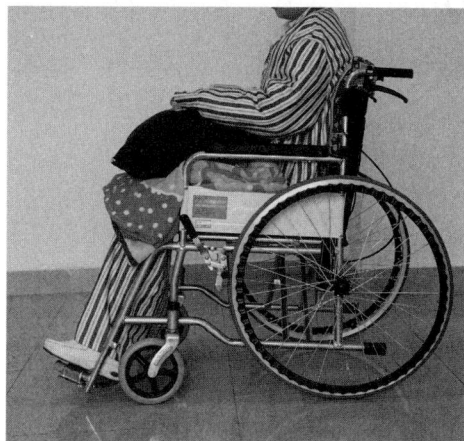

图 4-7 轮椅体位摆放

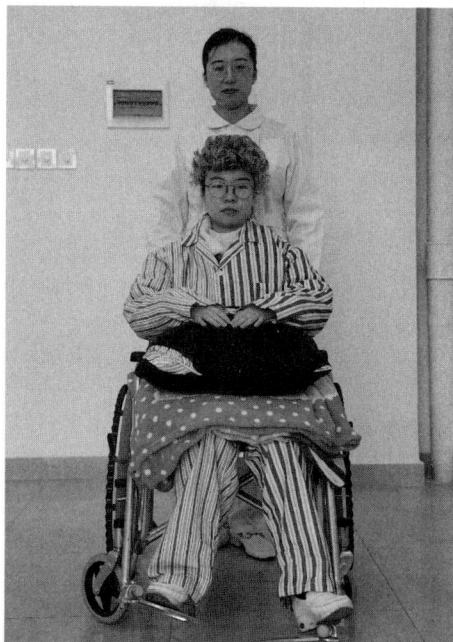

图 4-8 轮椅使用

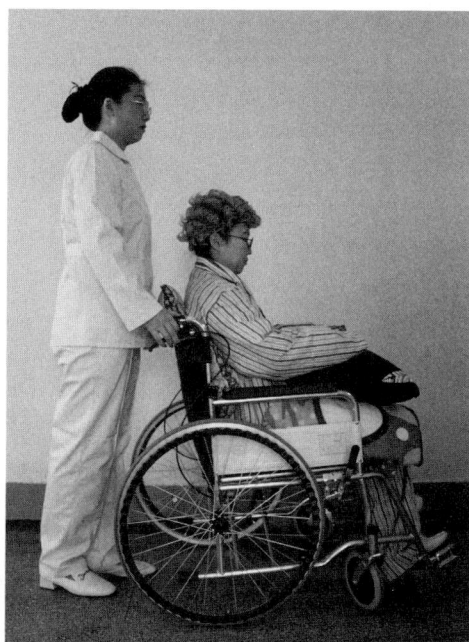

图 4-9 轮椅使用

7. 适老生活自助具

对于部分功能丧失的老年人，由于不能独立完成各种日常生活活动，通过生活自助具，能够帮助他们省时、省力地代偿性完成一些无法独立完成的日常生活活动，增加生活独立性。可按需选择穿脱衣自助具、个人卫生用具、饮食用具、家居用具、书写辅助用具等。

二、照护者安全防护基本规范

随着社会的进步，人们的健康意识普遍提高，职业防护是近年来照护者越来越关注的重要话题，老年照护者作为普通公民，也应关注、爱护自己的健康。

（一）职业风险及防护

职业防护是指针对职业损伤因素可能对机体造成的各种伤害，采取多种适宜措施避免其发生，或将损伤程度降到最低。常见职业风险及处理方法主要包括：

1. 体力操作风险　包括搬运重物、长期站立等所致伤害。最常见的是职业性腰背痛、肌肉拉伤等，主要症状为腰背部疼痛，拉伤处肌肉疼痛，多因不良的工作姿势引起，如远离身体躯干拿取或操纵重物、超负荷的推拉重物、搬运重物的水平距离过长等。

处理方法：运用身体力学原理指导工作，提高自我保健意识。如在搬运重物时，要保持大的支撑面，两足分开 10 ～ 15cm 的距离，以维持身体的平衡，使重心恒定并使重量均匀分布；物品移动时，能拉则不要推，能推则不要提；当拉动和移动重物或患者时，要使身体挺直在支撑面上，而不要抬起或离开支撑面；尽量用全身转动，避免用躯干转动，以免不均等的肌肉张力造成正常的重力线的改变。

2. 工作场所暴力风险　有些老年人因疾病原因导致情绪不稳定、暴躁，存在沟通困难，部分老年人的家属对老年人疾病没有足够的思想准备或没有很好的应对措施，不能很好地理解和信任照护者，以至于稍有不快就较易与照护者发生摩擦或争执。另外，也有一些照护者与老年人及其家属的交流沟通技巧欠缺、语言或行为与工作场所不协调，或者照护能力不过硬，引起双方争执。

处理方法：照护患有老年痴呆症或有心理障碍的老年人时，首先应做好评估，加强防范，避免自己受到伤害。如老年人有摔东西或打人的现象，注意在老年人房间不要存放热水瓶、玻璃制品、棍棒、金属制品等容易造成自伤或他伤的物品。观察老年人情绪，尽量避免激怒对方，若老年人存在异常烦躁的情况，可以暂时停止服务，待情绪稳定后再继续完成照护工作。一旦与老年人家属发生冲突，照护者要冷静应对，不要与家属争吵，不要与家属肢体接触。

3.感染风险　生物因素是引起感染的主要原因之一，主要包括乙型肝炎病毒、丙型肝炎病毒、梅毒、流感、变异冠状病毒等多种疾病。含病毒浓度最高的体液依次为血液成分、伤口分泌物、精液、阴道分泌物等，经常接触患者血液和体液及各种分泌物的照护者被感染的危险性加大。

处理方法：老年照护者应采取必要的预防措施，进行免疫接种，增强体质。同时，操作前后应洗手，提倡使用一次性口罩，在接触血液、体液或污染物时，要戴手套进行操作，减少皮肤接触血液，加强防护。

4.心理风险　从事养老照护工作的人员多为中年女性，多数女性养老照护者处于围绝经期阶段，除生理变化外，如激素水平下降所致内分泌紊乱、睡眠不良、腰酸背痛等，还因中年以及接近更年期女性情绪不稳定、记忆力减弱等心理特点也可能影响工作与生活，导致个人角色与社会角色相冲突，加重工作压力。老年照护者作为主要照护者，经常面对各种半自理、失能、临终的老年人，工作琐碎而繁重，容易导致身心疲惫，产生一定的心理倦怠。

处理方法：老年照护者应端正自己的态度，正确认识衰老、疾病和死亡，树立正确的人生观，正确排解不良情绪，适应不同环境的角色转换。

第二节　安全防护相关知识

学习目标

1. 掌握老年人安全防护相关知识。

2. 能按规范正确预防跌倒、坠床、走失、噎食、烫伤、火灾。

3. 在各项操作中严格遵守操作规程。

4. 操作态度认真，工作细致。

案例导入

李爷爷，82岁，患有高血压30余年，糖尿病20余年，药物治疗，老伴过世后独自居住家中，生活部分自理，需居家照护。

作为照护李爷爷的照护者，如何对老年人进行居家安全防护？

思考：在老年人安全防护中如何预防跌倒、坠床、走失、噎食、烫伤、火灾？同时，照护者如何做好自我防护？

一、预防跌倒

跌倒是指突发、不自主的、非故意的体位改变，倒在地上或更低的平面上。老年人跌倒，易造成软组织挫伤和外伤出血，严重的造成骨折，易骨折部位一般为腕部、椎体、髋部（多为股骨颈部位），并且影响老年人的身心健康，如跌倒后的恐惧心理可以降低老年人的活动能力，使其活动范围受限，生活质量下降。据世界卫生组织统计，跌倒是老年人慢性致残的主要原因之一。

（一）常见原因

1. **身体因素**　如神经传导和中枢整合能力明显降低；对比感觉降低、摇摆较大和躯体感觉较差以及应对时间延长；老年人视力、视觉分辨能力下降，触觉下降；下肢肌力下降，导致肌肉、关节功能减弱；平衡功能被损害，步态不稳等。

2. **疾病因素**　关节炎、痴呆、体位性低血压和贫血史都易导致跌倒；3% ～ 23%

老年人跌倒与体位性低血压、饭后低血压、药物相关性低血压有关；肌病综合征、帕金森症、外周神经病、脑水肿等也是老年跌倒的常见潜在原因；跌倒也是许多急性病如肺炎、尿道感染、心肌梗死和发烧的非特异性的表现；癫痫、颈椎病和心源性晕厥等慢性病急性发作也常常引起跌倒。

3. 药物因素　老年人多长期服用某些药物。在老年人经常服用的药物中，如镇静催眠药、抗高血压药、降血糖药、利尿药等，有些可使反应变慢，有些可致低血糖、低血压，进而增加了老年人跌倒的危险性。服用多种药物导致老年人跌倒的危险性最高。

4. 环境因素　如地面杂乱、物品低置、有限的活动通路、打蜡或湿滑的地板、不平或高的门槛等。柔软的地面会增加老年人行动的摆幅；虽然地毯可能减少跌倒发生后伤害的危险性，但地毯毛太厚、不平整或边角卷曲容易导致跌倒；行走需要器械的帮助时，也会导致跌倒。其他常见环境因素包括：厕所的坐便器过低不方便蹲下或起身；洗澡间瓷砖过滑；进出浴盆或淋浴间无扶手；楼梯无扶手；台阶滑、不平整、过高且窄；椅子太矮或无扶臂不易坐下或站起；过高或过低的床；突出过道的家具；壁橱支架过高或过低等。

5. 自身因素　部分本需要生活照护的老年人不愿意别人帮助通常容易发生跌倒；一次跌倒往往导致老年人害怕再次跌倒而降低了老年人的活动能力、独立性以及灵活性，从而影响步态平衡能力而增加跌倒的危险性。

6. 心理因素　老年人因丧偶或子女不在身边而独居较多，易郁闷、沮丧，因而削弱了老年人对自己和周围环境的注意力，不易发现危险情况，增加了跌倒的机会；多数跌倒者共同的原因是情绪不稳导致注意力不集中或行动太匆忙。

（二）预防措施

1. 选择合适的衣服和鞋子

老年人应该穿着合体、略显宽松、具有弹性的衣服，合脚、轻便、穿脱方便的鞋子，以便于活动。

2. 创造适宜的环境

（1）合理安排室内家具高度和位置，家具的摆放位置不要经常变动，日用品固定摆放在方便取放的位置，使老年人熟悉生活空间。

（2）将经常使用的东西放在伸手即可拿到的位置。尽量不要在家里登高取物；如果必须使用梯凳，可以使用有扶手的专门梯凳，千万不可将椅子作为梯凳使用。

（3）老年人的家居环境应坚持无障碍观念，移走可能影响老年人活动的障碍物；将常用的物品放在老年人方便取用的高度和地方；尽量设置无障碍空间。

（4）居室内地面平整，地板防滑，尽量减少台阶；保持地面平整、干燥，过道应安装扶手；地面清洁卫生期间最好禁止老年人进入湿滑地面区域。

（5）卫生间的地面应防滑，并且一定要保持干燥；由于许多老年人行动不便，起身、坐下、弯腰都比较困难，在卫生间内多安装扶手；卫生间最好使用坐厕而不使用蹲厕；浴缸或淋浴室地板上应放置防滑橡胶垫。

（6）改善家中照明，使室内光线充足。在过道、卫生间和厨房等容易跌倒的区域应特别安排"局部照明"；在老年人床边应放置容易伸手摸到的台灯。

3. 坚持体育锻炼

增强肌肉力量、柔韧性、协调性、平衡能力、步态稳定性和灵活性，从而减少跌倒的发生。对于具有一定行走能力的老年人，应加强行走训练，保证其运动功能有所提升不再减退。

4. 加强陪伴看护

没有自理能力的老年人，需要有专人照顾，如厕时要有人看护。

5. 正确、合理用药

正确指导老年人用药，对于服用镇静、安眠药的老年人，劝其未完全清醒时勿下床活动；服用降糖、降压、利尿药的病人，应遵医嘱服药，勿乱用药，并注意用药后的反应；对于大量吸烟和酗酒的老年人，多做健康知识宣传，避免吸烟和饮酒过量引起跌倒。

6. 选择适当的辅助工具

使用合适长度、顶部面积较大的拐杖。将拐杖、助行器及经常使用的物件等放在触手可及的位置。

7. 调整生活方式

避免走过陡的楼梯或台阶，上下楼梯、如厕时尽可能使用扶手；转身、转头时动作一定要慢；走路保持步态平稳，尽量慢走，避免携带沉重物品；晚上床旁尽量放置小便器；避免在他人看不到的地方独自活动；放慢起身、下床的速度，避免睡前饮水过多以致夜间多次起床；高血压老年人和高龄老年人起床应做到睡醒后 30 秒再起床，床沿坐 30 秒再站立，站立后 30 秒再行走。

8. 应对听觉和视觉障碍

有视、听及其他感知障碍的老年人应佩戴助视器、助听器及其他补偿设施。

9. 防治骨质疏松

老年人要加强膳食营养，保持均衡的饮食，适当补充维生素 D 和钙剂；增强骨骼强度，降低跌倒后的损伤严重程度。

10. 心理干预

从心理上多关心老年人，保持家庭和睦，给老年人创造和谐快乐的生活状态，避免使其有太大的情绪波动。帮助老年人消除如跌倒恐惧症等心理障碍。

二、预防坠床

坠床多发于有意识障碍、行动不便但尚未完全卧床或完全卧床的老年人。坠床是造成老年人外伤和骨折的原因之一。

1. 常见原因

（1）意识障碍老年人　因躁动不安，在自主或不自主的活动中坠床。

（2）照护不当　照护过程中，因翻身不当造成坠床。

2. 预防措施

（1）加强防范，对于意识障碍躁动的老年人，一定要加高床档，必要时可采取适当的约束带约束。

（2）加强巡视，增加巡视频率，加大看护力度，活动能力不佳的老年人活动时应尽量陪伴。

（3）加强协作，正确照护。

三、预防走失

1. 常见原因

（1）老年人痴呆等疾病原因。由于老年人的记忆力，尤其是近期记忆明显减退，常常无法辨认时间、地点、人物，其定向力发生障碍，出现判断错误，迷失方向。

（2）老年人与家人、照护者发生生活矛盾纠纷，赌气出走。

2. 预防措施

（1）给老年人安排适当的活动、治疗作业、智力康复和自理能力等训练，循序渐进，持之以恒。

（2）加强看护工作，配备适当的仪器防止老年人走失。

（3）易走失老年人可佩带联系卡片或爱心手环，注明老年人姓名、居住地、联系方式等，便于走失时接受他人的救助，安全返回。

（4）在老年人房间门口做特殊、容易记忆的标识，利于老年人辨认。带着老年人反复熟悉周围环境，强化记忆。

（5）一旦发现老年人走失，应尽快联系家属，以便组织人寻找并及时报警。

四、预防噎食

噎食也称急性食道阻塞，是进食时食物进入气管和支气管堵塞呼吸道，从而导致窒息。多发于有吞咽功能障碍、吃饭注意力不集中的老年人。

1. 常见原因

（1）身体老化引起的神经反射活动衰退，牙齿缺失，咀嚼功能不良，消化功能降低，唾液分泌减少，不能充分咀嚼引起吞咽障碍。

（2）脑血管病变或某些药物反应使老年人吞咽肌群互不协调，造成吞咽动作不协调。

（3）进食时情绪激动，引起食管痉挛。

（4）进食大块食物未经嚼碎就吞咽。

（5）进食过快、抢食、暴食；进食时有聊天、说笑等不良进食习惯。

（6）进食体位不当，平躺位或者半坐卧位时头位太低。

2. 预防措施

（1）采取适当的体位，尽量采取坐位或半坐卧位为老年人进食、进水。

（2）喂水喂饭时应稳定老年人情绪，情绪不稳定时不宜操作。

（3）注意选择适合老年人的食物形态，软烂食物汁液不要太多；喂水时可选择吸管喂水或者小汤勺少量多次喂入。

（4）放慢进餐速度，老年人咀嚼吞咽功能减弱，应根据老年人情况减慢喂食速度。

（5）适当饮水，促进唾液分泌。

（6）进行口腔体操和饭前准备活动。

五、预防烫伤

烫伤多发于因皮肤老化而感觉迟钝的老年人。

1. 常见原因

（1）为老年人使用热水袋或暖手宝取暖时，长时间放置于一个部位，使局部受热。

（2）为老年人沐浴时水温过热。

（3）因老年人活动不便打翻热水或热饭。

（4）老年人躺在床上吸烟，引燃被褥等。

（5）机体老化，耐热性降低。

2. 预防措施

（1）取暖时应控制好温度。

（2）加强看护，尤其对热水、热食物、易燃物品等加强管理，防止意外发生。

六、预防火灾

火灾多发于有吸烟老年人的房间或电线老化的用电设备的地方。

1. 常见原因

（1）卧床吸烟；

（2）乱扔烟头；

（3）蜡烛引燃；

（4）蚊香引燃；

（5）电器使用不当；

（6）用火不慎；

（7）自燃；

（8）纵火等。

2. 预防措施

（1）及时熄灭火柴梗，把烟头掐灭在烟灰缸内。不在酒后或睡前躺在床上或沙发上吸烟。

（2）及时关闭电源开关及煤气、液化气总阀门。外出时、临睡前熄灭室内外火种。

（3）外出时请邻居帮助留意家里的消防安全。

（4）确保走道、楼梯的畅通，不在楼层通道和安全出口处堆物封堵。

（5）不乱拉乱接电线，防止超负荷用电。使用电热器时，人不能离开。

（6）不用明火寻找物品和查漏煤气、液化气。

（7）不用灯泡取暖或烘烤衣服。

（8）不把点燃的蚊香放置在床沿和窗帘处。

（9）不在房内点香或蜡烛、焚烧迷信物品。

（10）生活用火要与可燃物保持安全距离。

第五章

居家生活照料

第一节　饮食照料

学习目标

1. 了解老年人进食、进水的营养需求。

2. 熟悉老年人进食、进水的观察要点。

3. 掌握老年人进食、进水的常用体位。

4. 掌握通过鼻饲为老年人喂食的技术。

5. 能进行老年人进食、进水准备。

6. 能详细叙述老年人进食的方法、注意事项。

7. 能列出适合老年人的饮食种类。

8. 能列举常见的鼻饲饮食种类。

9. 操作认真负责，为老年人提供个性化饮食照护。

案例导入

　　王奶奶，69岁。近年来因双侧冈上肌退行性病变，手臂稍一活动便疼痛难忍，生活基本不能自己完成，无法独立进食，需要照护人员喂食。在既往进食过程中，王奶奶有过被食物烫到的现象，故每到进餐时间，王奶奶会出现紧张、担心的情绪。又到早餐时间，照护者小孙需要帮助王奶奶进食小米粥。

　　思考：老年人进餐环境的要求有哪些？为老年人准备餐食，有哪些注意事项？老年人进食可有哪些体位和方式？如何防止老年人被食物烫到或呛咳？

一、摆放进食、进水体位

照护者需根据实际情况，如老年人的身体状况、精神状况及食物性状，来帮助老年人摆放合适的体位，确保老年人安全舒适地进食。常见的体位方式有：轮椅坐位、床上坐位、半坐卧位、侧卧位。

（一）轮椅坐位

适用于下肢功能障碍或行走无力的老年人。照护者可鼓励老年人轮椅坐位进食、进水。轮椅坐位的过程，不仅能促进老年人肢体功能的锻炼和康复，也能增强老年人的生活自信心，确保进食进水的安全性。

首先，照护者需要检查轮椅靠背、扶手、安全带、轮胎、刹车、脚踏板等部件，确认功能完好，舒适安全。根据老年人肢体功能的情况，摆放轮椅位置，若老年人为右侧偏瘫，则将轮椅置于床尾。若老年人为左侧偏瘫，则将轮椅置于床头。轮椅与床呈 30° 夹角，固定轮子，抬起脚踏板。照护者提醒老年人双手环抱照护者脖颈，照护者双手环抱老年人的腰部或腋下，协助老年人坐起。老年人双腿垂于床下，稍坐片刻，待适应坐位后，双脚踏稳地面。照护者用膝盖抵住老年人的膝盖，挺身带动老年人站立并转动身体，将老年人移动至轮椅中间坐下，安置双脚于脚踏板上，并系好腰间安全带。照护者转移到轮椅后方，双手自老年人腋下环抱老年人，将老年人后背贴紧椅背，调整安全带松紧度（见图 5-1）。

（二）床上坐位

对于下肢功能障碍的老年人，可协助其床上坐位进食、进水。

照护者评估老年人肢体活动状况后，叮嘱老年人双手环抱照护者脖颈。若老年人一侧上臂无活动能力，照护者需协助老年人将该侧上臂环绕照护者脖颈，让老年人的另一侧上臂环绕后抓紧该手。照护者双手环抱老年人的腰部或腋下，协助老年人坐起，将靠垫或软枕垫于老年人的后背及膝下，保证坐位稳定舒适（见图 5-2）。

（三）半坐卧位

疾病恢复期或体质虚弱的老年人，可采取半坐卧位。该卧位有利于老年人向站立位过渡，逐渐适应体位的改变。

1. 摇床法　照护者先摇起床头支架，使老年人上半身抬高，与床呈 30° ～ 50°，再摇起膝下支架,以防老年人下滑。必要时可于床尾放一软枕,垫于老年人的足底,增加老年人的舒适度,防止足底触及床尾栏杆。放平时,先摇平膝下支架,再摇平床头支架(见图5-3)。

2. 普通床具　照护者可用棉被或靠垫支撑老年人背部,使其上身抬起,或将老年人上半身抬高,在床头垫褥下放一靠背架。老年人下肢屈膝,膝下放软枕支撑。床尾足底垫软枕。放平时,先放平下肢,再放平床头。

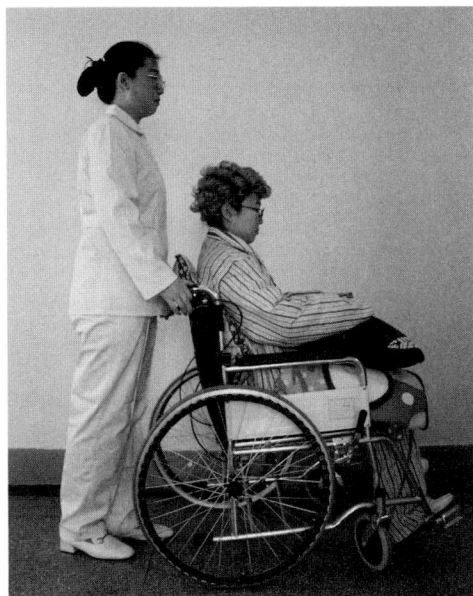

图 5-1　轮椅坐位

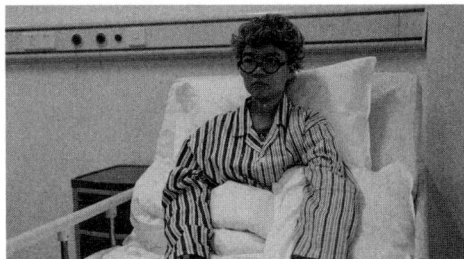

图 5-2　床上坐位

图 5-3　半坐卧位

（四）侧卧位

完全不能自理的老年人,可采用侧卧位,一般宜右侧卧位,但不可压迫患侧肢体。

照护者摇高床头,至与水平面呈30°。照护者双手扶住老年人的肩部和髋部,使老年人面向照护者侧卧,肩背部垫软枕。必要时在两膝之间、胸腹部放置软枕,以扩大支撑面,增加稳定性,使老年人感到舒适与安全(见图5-4)。

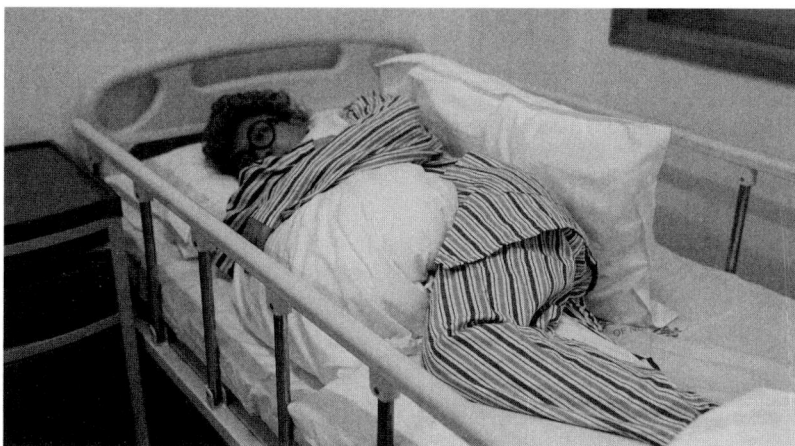

图 5-4　侧卧位

二、帮助进食、进水

老年人因咀嚼消化能力下降，活动量减少，进食较普通成年人有较大的区别。因此，照护者需要根据老年人的生理状况和实际营养需求，指导老年人选择合理的膳食，保证老年人营养和热量，确保其顺畅安全地进食。

（一）营养需求

1. 蛋白质

老年人的胃蛋白酶和胰蛋白酶的分泌减少，对蛋白质的消化吸收能力下降。因此，老年人每日蛋白质的摄入量不宜过多，每日需要量 0.9～1g/kg，以优质蛋白为主，如豆类、鱼虾、瘦肉、乳类等。有慢性疾病的老年人，应根据需要控制蛋白质的摄入量。

2. 脂　肪

老年人对脂肪的消化能力下降，故脂肪摄入不宜过多。应选用含不饱和脂肪酸较多的植物油，如芝麻油、花生油、豆油等，尽量减少饱和脂肪酸和胆固醇的动物性脂肪，如猪油、肥肉、动物内脏等。

3. 碳水化合物

老年人的活动和基础代谢率降低，热能消耗减少，因此避免摄入过多热能。碳水化合物摄入量占总热能的 55%～65%，建议食用谷类、薯类等。

4. 维生素

维生素能调节生理功能，延缓细胞衰老，增加机体抵抗力。尤其是 B 族维生素，能增加老年人的食欲。老年人应增加蔬菜和水果等食物，以补充维生素的摄入。

5.膳食纤维

膳食纤维能帮助老年人通便、吸附致癌物质，还能促进胆固醇代谢，预防心血管疾病等。因此，老年人的摄入量以每日 25 ～ 30g 为宜。

6.矿物质和微量元素

（1）钙：老年人应多摄入富含钙质的食物，如奶类、豆类及坚果等。同时，应增加老年人的户外活动，帮助其对钙的吸收。

（2）铁：老年人宜食用含铁丰富的食物，如瘦肉、猪肝、紫菜、菠菜、黑木耳和豆类等。

（3）碘：老年人的甲状腺激素分泌减少，因此，需适当食用含碘丰富的食物，如海带、紫菜等。

（4）硒：硒可防止衰老，可适当食用黑米、黑芝麻、黑木耳等。

（5）钾：钾的缺乏可使肌力下降，使老年人产生疲倦感。老年人可适当摄入富含钾的食物，如柑橘类水果。

7.水

老年人若水分摄入不足，容易发生便秘，但饮水过多，则会增加心脏、肾脏负担。一般情况下，建议每日饮水量 1500ml。

（二）饮食种类

老年人的饮食可分为基本饮食、治疗饮食和试验饮食。基本饮食又分为普通饮食、软质饮食、半流质饮食和流质饮食等。照护者需根据老年人的咀嚼、消化能力及身体需要，选择适合的饮食类型。

1.普通饮食　适用于不需要特殊饮食的老年人。对于咀嚼能力不足的老年人，可将普通饮食加工剁碎或料理机进行破碎后食用。

2.软质饮食　对于疾病恢复期，或消化不良、低热及牙有缺失的老年人，食物应以软烂为主，如软米饭、面条等。照护者应将菜肉切碎煮烂，方便老年人咀嚼消化。

3.半流质饮食　咀嚼能力较差或吞咽困难的老年人，其食物应呈半流质状态，如米粥、面条、馄饨等。

4.流质饮食　老年人进食困难或采用鼻饲喂食时，其食物需呈流质状态，如奶类、豆浆、藕粉、米汤等。流质饮食因所含热量及营养素不足，只能短期使用。

治疗饮食是指在基本饮食的基础上，适当调节热能和营养素，以达到治疗或辅助治疗的目的，如高蛋白饮食、低蛋白饮食、高热量饮食、低脂肪饮食、低胆固醇饮食、低盐饮食和少渣饮食等。

试验饮食是为配合临床检验而设的饮食。通过对饮食内容的调整来协助诊断疾病和确保实验室检查结果的正确性，如葡萄糖耐量试验饮食等。照护者应在医护人员的指导下，合理安排老年人饮食。

（三）实践技能操作

1. 帮助进食

【目的】

协助老年人安全、舒适地进食，补充热量，提高机体免疫力。

【评估】

环境：环境清洁、明亮，适宜进餐。

老年人：病情状态、肢体活动能力及吞咽反射情况等。

食物：食物种类、软硬度、温度等，符合老年人的饮食习惯。

【准备】

照护者准备：衣帽整齐、清洁，修剪指甲、洗手。

环境准备：干净整洁，温度适宜。饭前半小时开窗通风，移去便器，防止房间内残留不良气味影响老年人食欲。

老年人准备：向老年人说明进食时间和本次进餐食物；询问老年人进餐前是否需要大小便，根据老年人需要协助排便并洗净双手。

用物准备：适宜老年人的餐食，水杯盛装不超过 2/3 满的温开水，吸管、汤匙、筷、围裙或毛巾、纸巾、用餐小桌、清洁口腔用品，根据需要准备床上支架或轮椅、靠垫、枕头、毛巾等。

【实施步骤】帮助进食法见表 5-1。

表 5-1 帮助进食法

步　骤	操作内容	要点说明
步骤一	**1.沟通** 照护者向老年人解释进食时需要配合的动作，取得老年人的配合	
步骤二	**2.摆放体位** （1）根据老年人病情及肢体活动能力，协助老年人采取适宜的进食体位（如轮椅坐位、床上坐位、半坐卧位等） （2）将围裙或毛巾围垫在老年人颌下及胸前部位	各种卧位方法，详见本节"一、摆放进食、进水体位"
步骤三	**3.协助进食** （1）照护者将温度适宜的食物摆放在餐桌上，并为老年人介绍食物的种类 （2）鼓励能自主进餐的老年人自行进餐。照护者指导老年人上身坐直稍向前倾，头略向下垂。提醒老年人细嚼慢咽，不可边进食边讲话，以防发生呛咳 （3）若老年人不能自行进餐，由照护者喂饭。照护者应用手腕内侧皮肤触及碗壁，感受食物温热程度。用汤匙喂食时，每次喂食量为汤匙的1/3为宜，确保老年人完全咽下后再喂食下一口 （4）若老年人因视力障碍影响自主进食，照护者可将餐碗和汤匙依次放到老年人手中，并告知老年人食物的种类，以增加老年人的食欲。若老年人要求自己进食，可按时钟平面图放置食物，并告知方向、食物名称，利于老年人按顺序取用	食物温度应适宜。温度太高，容易发生烫伤；温度太低，易引起胃部不适。对于有咀嚼或吞咽困难的老年人，可选择质地柔软的餐食，或事先将食物打成糊状 进食带有骨头的食物，要特别告知老年人小心进食，鱼类骨刺应先协助剔除。 进餐过程中，若老年人不慎出现呛咳、噎食等现象，应立即急救处理，并通知医护人员和家属
步骤四	**4.整理** （1）照护者协助老年人用餐后漱口，并用纸巾擦拭口角及双手。叮嘱老年人进餐后不能立即平卧，保持进餐体位30分钟后再卧床休息 （2）及时撤去餐具，撤去围巾等用物，整理床单位清理食物残渣，使用流动水清洁餐具，必要时消毒	进餐后不宜立即平卧，以防食物反流

2.帮助进水

【目的】

为老年人补充水分。

【评估】

环境：环境清洁、明亮，适宜进餐。

老年人：病情状态、肢体活动能力、吞咽反射情况及喝水需求等。

水：水量、水温。

【准备】

照护者准备：衣帽整齐、清洁，修剪指甲、洗手。

环境准备：干净整洁、温度适宜。

老年人准备：询问老年人是否需要大小便，根据老年人需要协助排便并洗净双手，向老年人解释喝水的目的及配合要点。

用物准备：水杯（盛装 2/3 的温开水），吸管或汤匙，根据需要准备床上支架或轮椅、靠垫、枕头、毛巾等。

【实施步骤】帮助进水法见表 5-2。

表 5-2　帮助进水法

步　骤	操作内容	要点说明
步骤一	1. 沟通 　照护者提醒老年人饮水并询问有无特殊要求，向老年人解释饮水需要配合的动作，取得老年人的配合	
步骤二	2. 摆放体位 　（1）根据老年人病情及肢体活动能力，协助老年人采取安全、舒适的体位（如轮椅坐位、床上坐位、半坐卧位等） 　（2）将围裙或毛巾围垫在老年人颌下及胸前部位	各种卧位方法，详见本节"一、摆放进食、进水体位"
步骤三	3. 协助饮水 　（1）照护者用手腕内侧皮肤触及水杯壁，确保水温适宜 　（2）鼓励能自主喝水的老年人自行喝水。照护者指导老年人上身坐直稍向前倾，手持水杯或借助吸管饮水。提醒老年人小口饮用，以免呛咳。若出现呛咳，应稍休息后再饮用 　（3）若老年人不能自理，照护者可每日分次定时喂水。照护者可借助吸管帮助老年人饮水；使用汤匙喂水时，每次汤匙盛水约 1/2～2/3 满，确保老年人咽下后，再喂下一口（见图 5-5）	开水晾温后，递交到老年人手中或进行喂水，防止发生烫伤 提醒老年人饮水后不能立即平卧。饮水速度宜慢，防止反流发生呛咳、误吸
步骤四	4. 整理 　将水杯或小水壶放回原处，协助老年人擦拭口角，洗手	

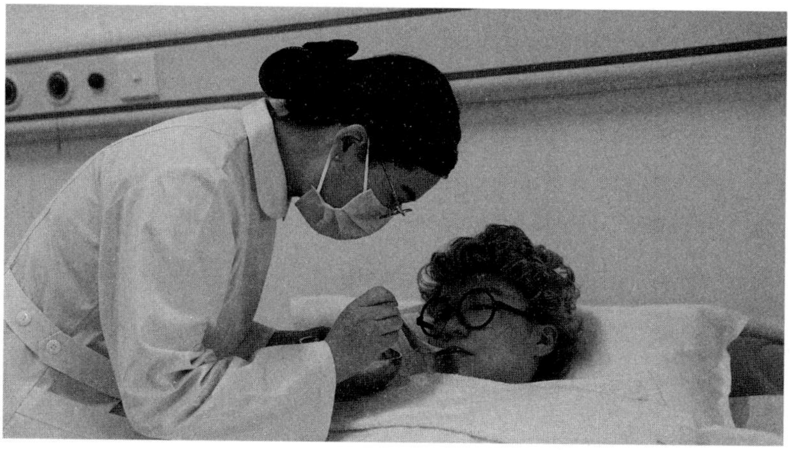

图 5-5　半坐卧位喂水

【注意事项】

1. 照护者应根据老年人的具体情况安排适宜的餐食，以保证老年人的营养需求。

2. 进食前，照护者可协助老年人减轻不舒适因素，缓解不良情绪。

3. 食物温度适宜，防止烫伤。

4. 饭和菜、固体和液体食物应轮流喂食。

5. 流质饮食，可用吸管。

6. 若老年人进食过程中出现恶心，可鼓励其做深呼吸并暂停进食。

7. 若老年人发生呕吐，照护者需协助卧位老年人头偏一侧，尽快清除呕吐物，及时清理环境，协助老年人漱口，去除口腔异味。

8. 指导老年人细嚼慢咽，以免发生呛咳。若老年人不慎出现呛咳，应协助拍背。若异物进入喉部，应及时站在老年人身后，双臂分别从两腋下前伸并环抱老年人，一手握拳于脐上方，另一手从前方握住手腕，双手向后、向上快速地用力挤压，迫使其上腹部下陷。反复实施，直至异物排出，防止发生窒息。

三、鼻饲护理

对于因病情危重、消化道功能障碍等原因，无法经口进食的老年人，需要采用特殊的饮食护理，一般可分为胃肠内营养和胃肠外营养。胃肠内营养是指采用口服或管饲等方式，经胃肠道提供能量及营养素的支持方式，其中较为常见的是鼻饲法。

鼻饲法是指将导管经鼻腔插入胃内，从管内灌注流质食物、水分和药物的方法。

它能为昏迷、不能经口进食的老年人提供食物和药物，从而满足老年人的营养和治疗需求。

（一）常见的鼻饲饮食

根据老年人的身体需要和消化能力，鼻饲饮食可分为混合奶、匀浆液和要素饮食三种。

1.混合奶　适用于身体虚弱，消化能力差的老年人。常见的混合奶成分为：牛奶、豆浆、蛋液、米粉、麦粉、肉汤、鸡汤、奶粉、果汁、菜汁等。其特点为：营养丰富，易于消化吸收。适用于不需要特殊饮食的老年人。

2.匀浆液　适用于消化能力较好的老年人。照护者可将正常膳食内容用料理机打碎成混合浆液。常见的匀浆液成分为：牛奶、豆浆、豆腐、鸡蛋、瘦肉沫、肝脏、蔬菜、水果、软饭、粥等。其特点为：营养丰富，富含膳食纤维，口感较好，便于消化、配置方便。

3.要素饮食　适用于患有慢性消化性疾病、消化不良、或患有非感染性严重腹泻的老年人。它是一种简炼精制食物，含有人体所需、易于消化吸收等的营养成分。要素饮食主要包含游离氨基酸、单糖、主要脂肪酸、维生素、无机盐类和微量元素等。其主要特点为：无须经过消化过程即可直接被肠道吸收和利用，为人体提供热能及营养，以达到治疗及辅助治疗的目的。

（二）实践技能操作

戴鼻饲管老年人的进食照料

【目的】

鼻饲的目的是为不能经口腔进食如昏迷、口腔疾患等的老年人，从胃管注入流质饮食，保证老年人摄入足够的营养、水分及药物，以维持生命。

【评估】

环境：环境清洁、明亮、安全，适宜操作。

老年人：意识状态、自理能力及身体状况等。

鼻饲：鼻饲管在使用期内、鼻饲液种类、鼻饲饮食时有无腹泻、便秘等。

【准备】

照护者准备：衣帽整齐、清洁，修剪指甲、洗手。

环境准备：干净整洁、温度适宜。

老年人准备：询问老年人是否需要大小便，根据需要协助排便。取下老年人义齿等，妥善放置。向老年人讲解即将鼻饲进食的种类和量，获取老年人的配合。

用物准备：餐具、鼻饲饮食200ml、水杯（内盛100ml温开水）、灌注器或50ml注射器、围裙或毛巾、别针、纱布、橡胶圈。

【实施步骤】戴鼻饲管老年人的进食照料见表5-3。

表5-3　戴鼻饲管老年人的进食照料

步　骤	操作内容	要点说明
步骤一	1.沟通 向老年人说明鼻饲饮食的种类和量，解释鼻饲时需要配合的动作，取得老年人的配合	
步骤二	2.摆放体位 （1）根据老年人的身体状况，协助老年人摆放舒适的体位 若老年人上半身功能较好，照护者可协助老年人坐位或半坐位；若老年人无法坐起，照护者可将床头摇起或使用软枕将老年人上身垫高，使之与床水平线呈30° （2）将毛巾或治疗巾围垫在老年人颌下	对于长期鼻饲的老年人，照护者应每日晨、晚间协助其清洁口腔。定期清理鼻腔，保持鼻腔通畅
步骤三	3.检查鼻饲管 （1）检查鼻饲管是否完好固定，插入长度是否与鼻饲管标记长度一致。若发现鼻饲管脱出，应立即通知医护人员 （2）确认鼻饲管在胃内。打开鼻饲管末端盖帽，用灌注器连接鼻饲管末端进行抽吸，若有胃液或胃内容物被抽出，则表明胃管在胃内，推回胃液或胃内容物，盖好鼻饲管末端盖帽	每次灌注食物前，应抽吸胃液以确定胃管在胃内及胃管是否通畅
步骤四	4.鼻饲操作 （1）检查鼻饲液温度。照护者可将少量鼻饲液滴在自己的手腕内侧皮肤，以感觉温热、不烫手为宜 （2）照护者用灌注器抽取20ml温开水，连接鼻饲管，向老年人胃内缓慢灌注，再立即盖好胃管末端盖帽 （3）照护者抽取鼻饲液50ml，打开鼻饲管盖帽并连接，缓慢推注，速度一般为10～13ml/分钟，随时观察老年人的反应。注完后盖好盖帽，再次抽取鼻饲液，同法至鼻饲饮食全部灌注完毕 （4）鼻饲完毕后，再次注入少量温开水	鼻饲液等温度一般为38℃～40℃ 每次鼻饲量不超过200ml，间隔时间大于2小时 每次抽吸鼻饲液后应反折胃管末端，避免灌入空气，引起腹胀 冲净胃管，防止鼻饲液积存于管腔中变质造成胃肠炎或堵塞管腔

步　骤	操作内容	要点说明
步骤五	5.处理胃管末端 　　将胃管末端反折，用纱布包好，用橡皮圈扎紧，用别针固定在枕旁或老年人衣领处	
步骤六	6.整理用物及记录 　　（1）协助老年人清理鼻孔、口腔，撤下毛巾，整理床单位。叮嘱老年人维持原卧位30分钟 　　（2）冲净灌注器，用纱布盖好放于干净的碗内备用 　　（3）洗手 　　（4）准确记录鼻饲时间和鼻饲量，鼻饲过程及鼻饲后老年人有无异常情况	维持原卧位，有助于食物的消化吸收，防止因食物反流引发的误吸 灌注器使用后要及时清洗，保持干净。灌注器更换频率为1次/每日

鼻饲灌注

【注意事项】

1.鼻饲前，应确保胃管在胃内且通畅，并用少量温水冲管后再进行喂食。

2.鼻饲液温度宜在38℃～40℃。

3.新鲜果汁与奶类，应分别注入，防止产生凝块。

4.每次鼻饲液量不超过200ml，推注时间宜15～20分钟，两次鼻饲间隔不少于2小时。

5.若老年人有食管静脉曲张、食管梗阻，禁忌使用鼻饲法。

6.长期进行鼻饲的老年人，每天需进行两次口腔护理。

7.鼻饲完毕后再次注入少量温开水，防止鼻饲液凝结。

第二节　清洁照料

学习目标

1. 了解整理更换床单位的要求。
2. 了解老年人皮肤清洁的目的和意义。
3. 熟悉老年人漱口、刷牙的注意事项。
4. 掌握压疮预防的观察要点。
5. 能协助老年人进行口腔清洁。
6. 能帮助老年人完成洗脸、洗头、沐浴等日常清洁。
7. 能阐述老年人口腔清洁的方法。
8. 能详细叙述压疮预防的方法。
9. 发扬吃苦耐劳的职业精神，细致耐心地照护老年人的清洁。

案例导入

　　李爷爷，79岁。既往高血压史，因脑梗死后遗症导致右侧肢体偏瘫，大小便失禁。今天午睡后，照护者小王发现李爷爷头发油腻，且尿湿了裤子和床单。为了帮助李爷爷创造干净整洁的环境，协助他去除头发污垢和异味，小王需要为李爷爷更换衣服和床单，并进行床上洗发。

　　思考：如何为偏瘫老年人进行会阴擦洗？为老年人床上洗发时，有哪些注意事项？如何在更换床单过程中，保障老年人安全，避免出现坠床等安全事故？

一、整理更换床单位

　　清洁是人类最基本的生理需求之一。清洁的环境和身体，不仅能让老年人感觉舒适，改善自我形象，还能让老年人保持积极乐观的心态，维护老年人自尊，达到预防疾病、恢复健康的目的。

　　（一）清扫床单位的意义和要求

　　定期为老年人更换被服，保持床单位整洁舒适，无褶皱，能使老年人睡卧舒适，得到良好的休息体验。对于长期卧床的老年人，为其更换被服的同时，还能观察老年人的病情状况，协助老年人变换卧位，可以避免并发症的发生。

为老年人更换被服的要求有：

1. 一般情况下每周应为老年人更换被服，包括床单、被罩、枕套。

2. 当老年人的被服被尿、便、呕吐物、汗液等污染时，应立即更换。

3. 老年人的床垫、被褥、枕芯等，应经常拿到室外晾晒。

（二）实践技能操作

1. 整理床单位

【目的】

保持床单位整洁平整、无褶皱。

【评估】

老年人的意识状态及自理能力等。

【准备】

照护者准备：衣帽整齐、清洁，修剪指甲、洗手。

环境准备：环境整洁、温度适宜。

老年人准备：告知老年人整理床单位所需的配合注意事项。

用物准备：扫床车、床刷、一次性床刷套。

【实施步骤】整理床单位法见表5-4。

表5-4　整理床单位法

步　骤	操作内容	要点说明
步骤一	1. 折叠棉被 　折叠棉被，将枕头放于棉被上，一同放于床旁椅上	
步骤二	2. 整理床单 　先将床头处床单反折于床褥下，再将床尾处床单拉平反折于床褥下压紧	
步骤三	3. 清扫床单 　（1）将干净的床刷套套在床刷外面 　（2）从床头纵向扫至床尾，每刷一次，要重叠上一刷的1/3，避免出现遗漏	床刷套每床一个，不可重复使用
步骤四	4. 整理用物 　（1）撤下床刷套，将枕头放于床头，棉被平整放于床尾 　（2）洗手	

2.更换被服

【目的】

将被污染或打湿的被服更换，保持床单位干燥清洁。

【评估】

老年人的意识状态及自理能力等。

【准备】

照护者准备：衣帽整齐、洗手、戴口罩。

环境准备：环境整洁、调节室温24℃～26℃。

老年人准备：告知老年人整理床单位所需的配合注意事项，平卧于床上，盖好被子。

用物准备：扫床车、床刷1把、一次性床刷套、清洁的床单、被罩、枕套，清洁衣裤（必要时）。

【实施步骤】更换被服法见表5-5。

表5-5 更换被服法

步　骤	操作内容	要点说明
步骤一	1.更换床单 （1）将物品按顺序放在床尾椅上(下层枕套,中层被罩,上层床单) （2）拉起老年人右侧的床档。照护者站在老年人左侧,一手托起老年人头部,一手将枕头平移到床左侧,协助老年人翻身,呈右侧卧位于床左侧,盖好棉被 （3）从床头至床尾,松开近侧床单,将床单向上卷起至老年人身下 （4）将一次性床刷套固定于床刷上,从床中线开始清扫床褥,从床头至床尾,每扫一刷要重叠上一刷的1/3	
步骤二	2.铺干净床单 （1）将床单的中线对齐床中线,展开近侧床单,平整铺于床褥上,对侧床单向下卷起塞于老年人身下。照护者将近侧床单的床头和床尾部分,反折紧塞于床褥下,中间下垂部分的床单平整塞于床褥下 （2）照护者一手托起老年人头部,一手将枕头平移至近侧,协助老年人翻转身体,侧卧于清洁床单上,盖好棉被,立起近侧床档 （3）照护者到床对侧,放下床档,从床头至床尾松开床单,将污床单从床头、床尾两头向中间向上卷起,放在洗衣桶内,同法清扫床褥,撤下床刷套 （4）将老年人身下的清洁床单拉平,同法铺于床褥上,协助老年人平卧于床正中,盖好棉被	

续表

步 骤	操作内容	要点说明
步骤三	**3. 更换被套** （1）照护者站在老年人右侧，将棉被展开，打开被尾开口。一手抓住被罩边缘，一手伸入被罩中，分别将两侧棉胎向中间对折。一手抓住被罩头端，一手抓住棉胎头端，将棉胎呈S形从被罩中撤出，折叠置于床尾。被罩仍覆盖在老年人身上 （2）取清洁被罩平铺于污被罩上，被罩中线对准床中线。床罩的头端盖于老年人肩颈部。打开清洁被罩被尾开口处，将棉胎装入清洁被罩内，并将棉胎向两侧展开。将污被罩从床头向床尾方向翻卷撤出，放于洗衣桶内 （3）棉被两侧向内折叠，被尾反折于床垫下	更换被罩时，避免遮盖老年人口鼻 棉胎装入被罩后，被套头端充实，不可有虚边 动作轻稳，注意保护老年人隐私，注意保暖
步骤四	**4. 更换枕套** （1）照护者一手托起老年人头部，另一手撤出枕头 （2）将枕芯从污枕套中撤出，污枕套放于洗衣桶内 （3）取清洁枕套，反转内面朝外。照护者双手伸进枕套内撑开两内角，同时抓住枕芯两角，反转枕套套好 （4）照护者站在老年人左侧，将枕头放至老年人左侧头边，照护者右手托起老年人头部，左手将枕头拉至老年人头下适宜位置。枕套开口应背门	枕头四角充实，枕套开口背门 必要时，为老年人更换衣裤
步骤五	**5. 整理用物** 开窗通风，洗手	

【注意事项】

1. 床单位整理应避开老年人用餐时间。

2. 整理床单位时，床单中缝与床中线对齐，四角平整。

3. 棉被头部充实，盖被平整。

4. 枕头平整、充实，开口背门。

5. 整理床单位时，若老年人平卧床上，应保证老年人安全。

6. 动作轻柔快捷，避免长时间暴露老年人，以防受凉。

7. 整理床单位时，与老年人有效沟通，观察其是否有不适症状。

二、口腔护理

良好的口腔卫生，可促进老年人的健康和舒适。口腔出现问题时，会引起老年人出现食欲下降、局部疼痛甚至全身性疾病等问题。照护者应认真评估并判断老年人的口腔卫生状况，指导老年人了解正确的口腔清洁技术。对机体衰弱或存在功能障碍的老年人，照护者应每日协助完成常规的口腔清洁，以保持良好的口腔卫生状况。

（一）口腔清洁的观察要点

1. 口唇的色泽、湿润度，有无干燥开裂、出血、疱疹或分泌物。

2. 口腔粘膜的湿润度、完整性，有无破损或溃疡。

3. 牙龈的颜色，有无出血、萎缩或溃疡。

4. 牙的数量，有无龋齿、义齿、牙结石或牙垢。

5. 舌的颜色、湿润度，有无溃疡或肿胀。

6. 腭部颜色，有无肿胀或异常分泌物。

7. 唾液的量、透明度。

8. 口腔气味有无异常。

9. 口腔清洁能力，部分依赖或完全依赖。

10. 口腔清洁知识，有无观念错误，无效刷牙等。

（二）口腔清洁的方法

自理能力较好的老年人，可通过漱口、刷牙及牙线的方法清洁口腔。老年人宜选用刷头较小且表面平滑、刷毛质地柔软且疏密适宜的牙刷。已磨损的牙刷或硬毛牙刷，因清洁效果不佳，且易磨损牙齿、损伤牙龈，故不可使用。牙刷应保持清洁和干燥，至少每3个月需更换一次。牙线可清除牙间隙食物残渣，去除齿间牙菌斑，可每日使用牙线剔牙两次。

需照护者协助口腔清洁的老年人，可采用棉棒擦拭法。对于体弱、卧床、牙齿脱落，但意识清楚的老年人，照护者可通过协助其漱口来完成口腔清洁。

佩戴义齿的老年人，应在餐后取下义齿清洁，以避免因食物积聚而产生牙菌斑和牙石。夜间休息时，应将义齿取下，按摩牙龈使牙龈得到休息。取下义齿清洗后，应浸没于冷水中，至少每日换水一次。义齿不能浸于热水或乙醇中，以防变色、变形或老化。

（三）实践技能操作

1. 协助漱口

【目的】清洁口腔。

【评估】

老年人的意识状态及自理能力等。

【准备】

照护者准备：衣帽整齐、清洁，修剪指甲、洗手。

环境准备：环境整洁、温度适宜。

老年人准备：老年人平卧于床上，向老年人解释漱口的配合要点。

用物准备：水杯（内盛2/3满漱口液）、吸管、小碗、毛巾，必要时备润唇膏。

【实施步骤】协助漱口法见表5-6。

表5-6　协助漱口法

步　　骤	操作内容	要点说明
步骤一	1. 摆放体位 　根据老年人身体状况，协助摆放漱口体位。协助老年人半坐卧位，面向照护者；或侧卧位，抬高老年人头胸部。将毛巾铺在老年人颌下及胸前部位，将小碗安置在老年人口角旁	妥善固定毛巾于老年人口角旁，避免沾湿被服
步骤二	2. 协助漱口 　（1）将水杯递到老年人口角旁，协助老年人直接含饮或用吸管吸引漱口液 　（2）叮嘱老年人将漱口液在牙缝内外来回流动冲刷。吐漱口水至口角旁的小碗中，重复多次至口腔清洁 　（3）用毛巾擦拭老年人口角，必要时涂抹润唇膏	每次含漱口液的量不宜过多，以防老年人出现呛咳或误吸
步骤三	3. 整理用物 　（1）移除毛巾等用物，协助老年人恢复平卧位 　（2）清洗漱口用物，洗手	

2. 协助刷牙

【目的】

清洁口腔，消除口腔异味，减少牙结石。

【评估】

老年人的意识状态及自理能力等。

【准备】

照护者准备：衣帽整齐、清洁，修剪指甲、洗手。

环境准备：环境整洁、温度适宜。

老年人准备：老年人平卧于床上，向老年人解释刷牙的注意事项。

用物准备：水杯（内盛 2/3 满漱口液）、牙刷、牙膏，大小毛巾各 1 条，一次性治疗巾、脸盆，必要时备润唇膏。

【实施步骤】协助刷牙法见表 5-7。

表 5-7　协助刷牙法

步　骤	操作内容	要点说明
步骤一	1. 摆放体位 协助老年人取坐位，将大毛巾铺在老年人面前，放稳脸盆	妥善固定大毛巾和脸盆，避免沾湿被服
步骤二	2. 协助刷牙 （1）在牙刷上挤好牙膏，将牙刷及水杯递到老年人手中 （2）叮嘱老年人身体略前倾，漱口 （3）提醒老年人刷牙齿的内、外面时，上牙应从上向下刷，下牙应从下向上刷；咬合面应从里向外旋转刷。刷牙时间不少于 3 分钟	提醒老年人刷牙动作轻柔，以防出现牙龈损伤
步骤三	3. 协助漱口 （1）协助老年人漱口 （2）用小毛巾擦拭老年人口角，必要时涂抹润唇膏	
步骤四	4. 整理用物 （1）移除刷牙用物，协助老年人恢复平卧位 （2）清洗刷牙用物，洗手	

3. 棉棒擦拭口腔

【目的】

清洁口腔，保持口腔卫生，消除口腔异味。

【评估】

老年人的意识状态、自理能力，有无义齿等。

【准备】

照护者准备：衣帽整齐、清洁，修剪指甲、洗手。

环境准备：环境整洁、温度适宜。

老年人准备：老年人平卧于床上，向老年人解释用棉棒擦拭口腔的配合要点。

用物准备：水杯（内盛 2/3 满漱口液）、压舌板、棉棒、毛巾、小碗，必要时备润唇膏。

【实施步骤】棉棒擦拭口腔法见表5-8。

表5-8　棉棒擦拭口腔法

步　骤	操作内容	要点说明
步骤一	1. 摆放体位 协助老年人侧卧位或仰卧位头偏一侧（面向照护者）将毛巾铺在老年人口角及胸前，小碗置于口角边	
步骤二	2. 协助漱口 协助老年人用吸管吸漱口水，漱口后将漱口液吐至口角边小碗内	
步骤三	3. 检查并擦拭口腔 （1）嘱老年人张口，检查老年人口腔状况，取出活动性义齿。义齿用冷水刷洗，浸于冷水中备用 （2）用棉棒沾取漱口液，一根棉棒擦拭口腔一个部位，先湿润口唇；嘱老年人咬合牙齿，用压舌板撑开老年人左侧颊部，由臼齿至门齿纵向擦洗牙齿左外侧面。同法擦洗牙齿右外侧面 （3）嘱老年人张口，擦拭牙齿左上内侧面、左上咬合面、左下内侧面、左下咬合面，弧形擦洗左侧颊部。同法擦洗右侧牙齿 （4）擦洗硬腭部、舌面及舌下 （5）检查确认口腔已擦拭干净后，用毛巾擦拭老年人口角，必要时涂抹润唇膏	棉棒沾取漱口液不可过多，以防老年人误吸引起呛咳 一根棉棒只可使用一次，不可反复沾取漱口液 擦拭上腭及舌面时，位置避免靠近咽部，以防引起老年人恶心不适等反应
步骤四	4. 整理用物 （1）移除用物，协助老年人恢复平卧位 （2）整理床单位，洗手	

【注意事项】

1. 口腔清洁前，须先将活动性义齿取下，清洁后置于干净的冷开水中。

2. 妥善固定毛巾于老年人胸前，防止沾湿被服。

3. 若老年人口唇干裂，应先用清水湿润口唇再嘱老年人张口。

4. 若老年人意识不清，则不可漱口，以防出现误吸。

5. 棉棒沾取漱口液，不宜过多。

6. 口腔清洁完毕，根据需要为老年人唇部涂抹护唇膏。

三、头发护理

头发护理是日常卫生的重要内容之一。定期梳理和清洁头发，可有效清除头皮屑和灰尘，保持良好的个人形象。同时，梳头可按摩头皮，促进头部血液循环，促进头发生长，预防感染。照护者应根据老年人的需求，协助其完成头发护理，保证老年人良好的精神状态。

（一）头发清洁的观察要点

照护者应注意观察老年人头发的分布、疏密、长度、颜色、韧性和脆性、干湿度、清洁状况；观察头皮有无头皮屑、抓痕、擦伤及皮疹等。

（二）头发的护理要求

1. 梳发

建议老年人每日梳发 2 次（晨起和晚上睡前各 1 次），每次约 10 分钟。从前额往脑后梳 2 分钟，从左鬓到右鬓梳 2 分钟，再从右鬓到左鬓梳 2 分钟，最后低头，从枕部发根处往前梳 2 分钟，至头皮有热涨感。

2. 洗发

若老年人为油性发质，春秋季可 2 天洗发一次，夏季 1 天洗发一次，冬季 1 周洗发一次；若发质为干性，夏季可 4 天洗发一次，秋冬季可 7 天洗发一次，水温控制在 40℃～50℃。

（三）实践技能操作

1. 梳理头发

【目的】

去除头皮屑和灰尘，保持头发清洁；按摩头皮，促进头部血液循环。

【评估】

老年人的病情状况及自理能力，头发及头皮情况，梳发习惯等。

【准备】

照护者准备：衣帽整齐，修剪指甲，洗手。

环境准备：环境整洁、宽敞明亮。

老年人准备：向老年人解释梳发的配合要点。

用物准备：梳子、毛巾、垃圾袋，必要时备发夹、橡皮圈、30% 乙醇。

【实施步骤】梳理头发法见表 5-9。

表 5-9　梳理头发法

步　骤	操作内容	要点说明
步骤一	1. 摆放体位 　　根据老年人身体状况，协助坐位或半坐卧位，将毛巾披在老年人肩上。若老年人无法坐起，可协助其侧卧位或仰卧位头偏向一侧，将毛巾铺在枕上（见图 5-6）	避免碎发和头皮屑掉落在枕头或床单上
步骤二	2. 梳发 　　（1）将头发从中间分成两股，照护者一手握住一股头发，一手持梳子，由发根梳向发梢 　　（2）若老年人头发打结，应沿发梢至发根方向梳理。可将头发绕在手指上，用 30% 乙醇浸湿打结处，再慢慢梳理	梳发过程避免过度牵拉，以防引起老年人疼痛不适 卧床老年人，可先梳理一侧头发，再梳理另一侧头发
步骤三	3. 整理用物 　　（1）梳发完毕后，卷起毛巾撤下，协助老年人取舒适卧位 　　（2）整理床单位，清理毛巾上的头屑及脱落头发并清洗 　　（3）照护者洗手	

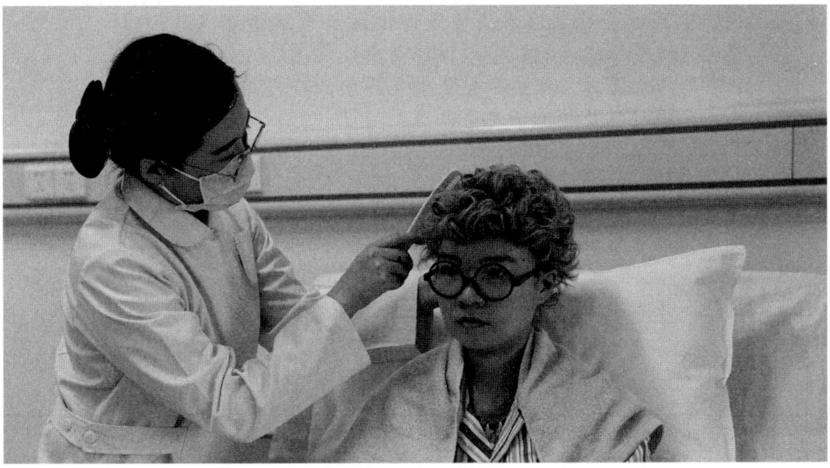

图 5-6　坐位梳头发

2. 坐位洗发

【目的】

去除头皮屑和灰尘，清洁头发；按摩头皮，促进头部血液循环。

【评估】

老年人的病情状况及自理能力，头发及头皮情况，洗发习惯等。

【准备】

照护者准备：衣帽整齐，修剪指甲，洗手。

环境准备：环境整洁、宽敞明亮。

老年人准备：协助老年人排便，向老年人解释洗发的配合要点。

用物准备：梳子、毛巾、洗发液、脸盆、暖瓶（盛装 40℃～ 45℃温水）、水壶、方凳、吹风机。

【实施步骤】坐位洗发法见表 5-10。

表 5-10　坐位洗发法

步　骤	操作内容	要点说明
步骤一	1. 摆放体位 　协助老年人坐位，将毛巾披在老年人肩颈上。将脸盆放在方凳上，置于老年人前方。叮嘱老年人双手扶稳盆沿，低头闭眼，头部位于脸盆正上方	避免碎发和头皮屑掉落在枕头或床单上
步骤二	2. 协助洗发 　照护者用水壶盛装温水，缓慢倾倒温水浸湿老年人的头发。将适量洗发液倒在掌心揉搓至出现泡沫后，将其涂抹在老年人头发上，用十指指腹由发际向头顶部揉搓、按摩头皮。随时观察和询问老年人有无不适	操作动作轻快，减少老年人不适 随时观察老年人感受，遇到特殊情况及时处理
步骤三	3. 清洗头发并擦干 　（1）照护者持水壶缓慢倾倒温水冲洗老年人头发，并揉搓头发至洗发液全部冲净 　（2）用毛巾擦干头发及面部，用吹风机吹干头发。协助老年人将头发梳理整齐	及时擦干头发，以防老年人受凉
步骤四	4. 整理用物 　协助老年人休息，清理洗发用物	

3. 床上洗发

【目的】

去除头皮屑和灰尘，清洁头发；按摩头皮，促进头部血液循环。

【评估】

老年人的病情状况及自理能力，头发及头皮情况，洗发习惯等。

【准备】

照护者准备：衣帽整齐，修剪指甲，洗手。

环境准备：环境整洁、宽敞明亮。

老年人准备：协助老年人排便后平卧于床上，向老年人解释床上洗发的配合要点。

用物准备：洗发器、梳子、毛巾、洗发液、棉球2个、纱布、暖瓶（盛装40℃～45℃温水）、水壶、污水桶、吹风机。

【实施步骤】床上洗发法见表5-11。

表5-11 床上洗发法

步　骤	操作内容	要点说明
步骤一	1. 放置洗头器 　照护者一手抬起老年人头部，一手撤去枕头。将简易洗发器置于老年人头下，洗发器排水管置于污水桶中。将毛巾围在老年人肩颈部	避免碎发和头皮屑掉落在枕头或床单上
步骤二	2. 协助床上洗发 　（1）将棉球塞于老年人耳朵内，用纱布盖于老年人眼睛上，以防水溅入引起老年人不适 　（2）照护者用水壶盛装温水，缓慢倾倒温水浸湿老年人的头发。将适量洗发液倒在掌心揉搓至出现泡沫后，将其涂抹在老年人头发上，用十指指腹由发际向头顶部揉搓、按摩头皮。随时观察和询问老年人有无不适	操作动作轻快，减少老年人不适 随时观察老年人感受，遇到特殊情况及时处理 尽量避免洗发过程中水流入眼、耳内或打湿被服，若打湿，应及时更换
步骤三	3. 清洗头发并擦干 　（1）照护者持水壶缓慢倾倒温水冲洗老年人头发，并揉搓头发至洗发液全部冲净 　（2）用毛巾包裹头部，撤去简易洗头器。用毛巾擦干老年人面部及头发，用吹风机吹干头发。协助老年人将头发梳理整齐。将枕头垫于老年人头下	及时擦干头发，以防老年人受凉
步骤四	4. 整理用物 　协助老年人休息，整理床单位，清理洗发用物	

床上洗发

【注意事项】

1.洗发过程中，随时观察老年人的状态，若出现异常情况，应立即停止洗发，及时处理。

2.洗发时间不宜过久，避免引起老年人疲劳不适。

3.洗发时调节适宜的室温和水温，避免打湿被服，及时擦干头发，以防老年人受凉。

4.动作轻快，防止水流入眼睛或耳朵。

四、身体清洁

皮肤是人体最大的器官，具有保护机体、调节体温、感觉、吸收、分泌和排泄等功能。维护皮肤的清洁，是保障人体健康的基本条件。皮肤的新陈代谢产物，如皮脂、汗液及表皮碎屑等，与外界细菌和尘埃结合形成污垢，可刺激皮肤，降低抵抗力，破坏屏障作用，引起各种感染。因此，照护者应及时为老年人做身体清洁，清除皮肤污垢，提高皮肤的抵抗力，增强老年人舒适感，预防感染的发生。

（一）身体清洁的观察要点

1.皮肤状况

照护者应注意观察老年人皮肤的颜色、温度、柔软度、完整性、弹性、感觉及清洁度等。注意老年人体位、环境因素、汗液量、皮脂分泌、水肿、色素沉着等因素对评估准确性的影响。

2.老年人状态

老年人的意识状态，肢体活动能力，有无关节活动受限，自理能力，清洁习惯及对清洁用品的喜好。老年人对皮肤清洁相关知识的了解程度及需求。

（二）身体清洁的护理要求

照护者应指导和协助老年人经常沐浴。若老年人较易出汗，应指导其常洗澡并保持干燥，以防皮肤因潮湿而破损；若老年人皮肤较干燥，应指导其酌情减少洗澡次数。

（三）实践技能操作

1. 淋浴或盆浴

【目的】

去除皮肤污垢，保持皮肤清洁；促进血液循环，增强皮肤排泄功能；促进老年人身体放松。

【评估】

老年人的病情状况及自理能力，皮肤情况和日常洗浴习惯等。

【准备】

照护者准备：衣帽整齐，修剪指甲，洗手。

环境准备：关闭门窗，调节室温 22℃ 以上。

老年人准备：协助老年人坐于椅/凳上，向老年人解释淋浴或盆浴的配合要点。

用物准备：淋浴或盆浴设备、浴巾、毛巾、浴液、洗发液、清洁衣裤、梳子、沐浴椅、吹风机。

【实施步骤】淋浴或盆浴法见表 5-12。

表 5-12　淋浴或盆浴法

步　骤	操作内容	要点说明
步骤一	1. 调节水温 水龙头由冷水向热水一侧调节，调节水温约 40℃，以温热不烫手为宜。盆浴时，在浴盆中放水 1/3～1/2 满，放置防滑垫	老年人可单独洗浴时，照护者需叮嘱老年人不可锁门，并经常询问是否需要协助
步骤二	2. 协助洗浴 （1）协助老年人脱去衣裤，若老年人肢体活动障碍，应先脱健侧，再脱患侧 （2）协助老年人坐于洗澡椅上，叮嘱老年人双手握住扶手；若为盆浴，则协助老年人进入盆浴坐稳，叮嘱老年人双手握住扶手或盆沿	
步骤三	3. 清洗头发 照护者打开花洒，叮嘱老年人低头闭眼。用花洒淋湿老年人头发，将洗发液揉搓至出现泡沫后，涂于老年人头发上。照护者用双手指腹由前额发际向头顶部揉搓头发并按摩头皮，随后用花洒将头发冲洗干净。随时观察老年人有无不适	洗浴时间不宜过长，水温适宜，以防老年人出现虚脱 随时观察并询问老年人感受，如有不适，应立即停止操作，通知医护人员

续表

步　骤	操作内容	要点说明
步骤四	4.清洗身体 （1）用花洒淋湿老年人身体后，涂抹浴液，由上至下清洗面部、耳后、颈部、双上肢、胸腹部、背臀部、双下肢、会阴及双脚；若为盆浴，浸泡身体后，放掉盆浴中水，同法清洗身体 （2）清洗干净后，协助老年人出浴盆，坐在浴室内座椅上，用浴巾擦干身体和头发	
步骤五	5.更换衣裤 协助老年人穿上干净衣裤和拖鞋，若老年人肢体活动障碍，应先穿患侧，再穿健侧。协助老年人回床休息	
步骤六	6.整理用物 清洗浴室，清洗毛巾，晾干浴巾	

2.床上擦浴

【目的】

去除皮肤污垢，保持皮肤清洁；促进血液循环，增强皮肤排泄功能；观察肌肉和关节活动情况，防止并发症的发生。

【评估】

老年人的病情状况及自理能力，皮肤情况等。

【准备】

照护者准备：衣帽整齐，修剪指甲，洗手。

环境准备：关闭门窗，调节室温24℃以上，拉上窗帘或屏风。

老年人准备：协助老年人排便后平卧于床上，向老年人解释床上擦浴的配合要点。

用物准备：脸盆3个（身体、臀部、脚）、浴巾、毛巾2条（臀部、脚）、方毛巾1条、浴液、橡胶单、清洁衣裤、暖水瓶、污水桶、屏风。

【实施步骤】床上擦浴法见表5-13。

表5-13　床上擦浴法

步　骤	操作内容	要点说明
步骤一	1.准备用物 关闭门窗、调节室温、必要时使用屏风。脸盆内盛装40℃～45℃温水，协助老年人脱去衣裤，盖好被子	注意保护老年人隐私和保暖，以防受凉

步　骤	操作内容	要点说明
步骤二	2.擦洗身体 （1）脸部：将浴巾铺在老年人枕巾及胸前盖被上。方毛巾浸湿后拧干，横向折叠再纵向折叠，四个角分别擦洗双眼的内眼角和外眼角。洗净毛巾后，由中间向两侧擦洗额部，由上向下擦洗鼻部，由鼻唇擦洗至左右面颊，并依次擦洗耳后、下颌和颈部 （2）手臂：暴露近侧手臂，浴巾半铺半盖于手臂上。方毛巾包手并涂上浴液，打开浴巾，由前臂向上臂擦拭，擦手，用浴巾遮盖，洗净方毛巾，同法擦净手臂浴液，再用浴巾包裹擦干手臂上的水分。同法擦洗另一侧手臂（见图5-7） （3）胸部：将被子向下折叠，暴露老年人胸部，用浴巾遮盖。洗净方毛巾，包裹在手上涂上浴液，打开浴巾，由上往下擦拭胸部及两侧，擦净皮肤皱褶处（腋窝、女性乳房下垂部位），擦拭后浴巾遮盖，洗净方毛巾，同法擦净胸部浴液，再用浴巾擦干胸部水分 （4）腹部：将被子向下折叠至大腿上部，用浴巾遮盖胸腹部。洗净方毛巾，包裹在手上涂上浴液，打开浴巾下角，由上向下擦拭腹部及两侧，擦拭后浴巾遮盖，洗净方毛巾，同法擦净腹部浴液，再用浴巾擦干腹部水分 （5）背臀：拉起对侧床档，协助老年人翻身侧卧，背部朝向照护者。被子上折暴露背臀部，将浴巾铺于背臀下，向上反折盖背臀部。洗净方毛巾，包裹在手上涂上浴液，由腰骶部分别沿脊柱两侧螺旋形向上擦洗全背，再环形擦洗臀部，擦拭后浴巾遮盖，洗净方毛巾，同法擦净背臀部浴液，再用浴巾擦干臀部水分（见图5-8） （6）下肢：协助老年人平卧，盖好被子。暴露一侧下肢，浴巾半铺半盖。洗净方毛巾，包裹在手上涂上浴液。一手协助老年人下肢呈屈膝状，由小腿向大腿擦洗，擦拭后用浴巾遮盖，洗净方毛巾，同法擦洗下肢浴液，再用浴巾擦干下肢水分。同法擦洗另一侧下肢 （7）双足：取脚盆，盛装40℃～45℃温水约1/2满。打开被尾暴露双足，取软枕垫于老年人膝下。双足下铺橡胶单和浴巾，水盆放在浴巾上，将老年人一只足浸于水中，涂抹浴液，用擦脚巾擦洗足部，擦净后放在浴巾上，同法清洗对侧足。移除脚盆，拧干擦脚巾，擦干双足，用浴巾擦干双足水分 （8）会阴：取专用盆，照护者一手托起老年人臀部，一手铺橡胶单和浴巾于臀下，将专用毛巾浸湿拧干。女性老年人擦洗顺序为阴阜、尿道口、阴道口、肛门，边擦洗边转动毛巾，清洗毛巾后分别擦洗两侧腹股沟。男性老年人擦洗顺序为尿道外口、阴茎、包皮、阴囊、腹股沟和肛门。随时清洗毛巾，直至清洁无异味，移除橡胶单和浴巾	面部擦洗时，根据老年人的习惯使用浴液。若使用浴液，一般采用清水和浴液各擦洗一遍后，再用清水擦净及浴巾擦干的顺序擦洗，避开双眼 擦洗皮肤时，力度适中，以能够刺激肌肉组织并促进皮肤血液循环为宜 注意观察老年人反应，如出现特殊情况，应立即停止，保暖，并通知医护人员 足部、会阴部的水盆和毛巾，需分开单独使用

续表

步　骤	操作内容	要点说明
步骤三	3.穿衣整理 协助老年人更换干净衣裤，盖好被子，撤去屏风，整理用物，开窗通风	

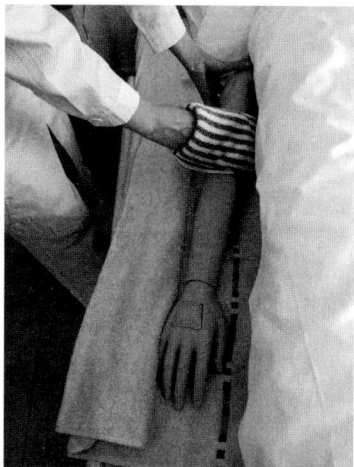

图 5-7　擦浴手臂

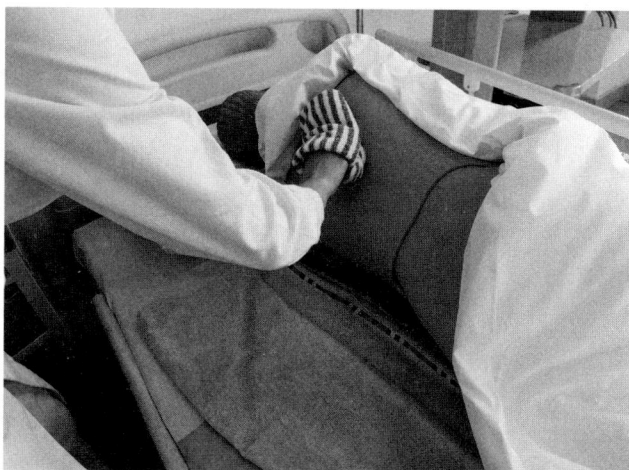

图 5-8　擦浴背臀部

【注意事项】

1.洗浴应在老年人进食 1 小时后进行，以防影响消化。

2.盆浴浸泡不宜超过 10 分钟。

3.控制洗浴环境内的室温，调节水温，注意老年人保暖。

4.操作动作轻柔，减少老年人身体翻动次数。

5.擦浴过程需观察老年人的状况，如出现寒战、面色苍白等现象，应立即停止擦浴，通知医护人员。

6.擦浴时，应注意保护老年人隐私，减少身体不必要的暴露。

五、预防压疮

压疮是长期卧床或躯体移动障碍的老年人最易出现的皮肤问题之一。压疮是指身体局部组织长期受压，血液循环障碍，局部组织持续缺血、缺氧，营养缺乏，致使皮肤失去正常功能而引起的局限性组织破损和坏死，通常位于骨隆突处。压疮的出现，多数是由于其他原发病未能很好地护理而造成的皮肤损伤。照护者在工作中做到勤翻身、勤检查、勤更换被服，保持皮肤清洁，避免局部长时间受压，即可很大程度减少压疮的发生。

（一）预防压疮的观察要点

1.身体状况

老年人有无发生压疮的高危因素，如发热、消瘦或肥胖、昏迷或躁动、年老体弱、大小便失禁、水肿等；躯体活动能力和意识状态；皮肤营养状况，皮肤弹性、颜色、温度及感觉等。

2.卧位方式

老年人不同的卧位方式，导致发生压疮的部位不同。照护者应重点检查受压部位和骨隆突处皮肤情况，询问老年人皮肤感受，确认是否有潮湿、红肿，检查红肿消退时间，是否有水泡、破溃和感染等。

（二）预防压疮的护理要求

1.评估老年人的营养状况和皮肤状态，解除压疮的高危因素

2.减少局部受压

（1）为肢体活动能力受限或长期卧床的老年人，定时变换体位。

（2）根据老年人病情状况及皮肤情况，设置翻身间隔时间，一般间隔2小时翻身一次，必要时可缩短间隔时间。

（3）长期卧床的老年人，可翻身配合使用气垫床或楔形海绵垫，减轻受压力。

（4）长期轮椅坐位的老年人，可增加海绵坐垫。照护者定时协助抬起身体，变换坐位着力点。

（5）骨隆突或关节位置，可加垫软枕，局部皮肤使用预防性敷料。

3.皮肤保护措施

（1）清洁皮肤：保持皮肤清洁，用温水冲洗皮肤，不可使用碱性皂液，不可用力揉搓。

（2）日常护肤：局部皮肤涂抹润肤乳预防干燥。不可使用粉剂，以防出汗后堵塞毛孔。肛周皮肤可涂抹油剂保护。

（3）加强营养：摄入高热量、高蛋白、高纤维素、高矿物质饮食。必要时，少食多餐。

（4）勤换被服：选择棉质、柔软、宽松的被服，一旦潮湿应立即更换。保持床铺清洁、平整、干燥。

（三）实践技能操作

1. 床上翻身

【目的】

减轻局部皮肤压力，促进血液循环，预防压疮。

【评估】

老年人的营养状况、局部皮肤状况、躯体活动能力等。

【准备】

照护者准备：衣帽整齐，修剪指甲，洗手并温暖双手。

环境准备：关闭门窗，调节室温 22℃以上。

老年人准备：协助老年人排尿排便，向老年人解释床上翻身的配合要点。

用物准备：软枕数个、脸盆（盛温水）、毛巾、翻身记录单、笔。

【实施步骤】床上翻身法见表 5-14。

表 5-14　床上翻身法

步　骤	操作内容	要点说明
步骤一	1. 解释沟通 　　向老年人解释翻身的目的及配合要点，获得老年人的配合	
步骤二	2. 协助翻身 　　（1）打开胸前一侧被角，将老年人近侧手臂放于枕边，远侧手臂放于胸前 　　（2）在盖被内，将老年人远侧下肢搭在近侧下肢上 　　（3）照护者一手扶住老年人的肩，一手扶住髋部，向近侧翻转，使老年人呈侧卧位 　　（4）照护者双手环抱老年人臀部，将其移至床中线位置，使老年人面向照护者	动作需轻、缓，必要时轻抬老年人，避免强行拖、拉、推等，以防损伤皮肤，引起老年人不适
步骤三	3. 放置软枕 　　在老年人胸前放置软枕，上侧手臂搭于软枕上。小腿中间垫软枕，确保侧卧位稳定舒适	
步骤四	4. 检查背部皮肤 　　（1）打开老年人背部盖被，检查背臀部皮肤状况 　　（2）用温热毛巾擦净背臀部汗液 　　（3）用软枕支撑背部，盖好盖被	
步骤五	5. 整理记录 　　拉起两侧床档，整理床单位，保持床铺平整干燥。照护者清洗双手，记录翻身的时间、体位、皮肤状况，记录异常情况	记录准确全面

【注意事项】

1. 翻身过程中，观察老年人状况，如有异常应立即停止，并通知医护人员。

2. 动作轻缓，避免出现拖、拉、推等动作，以防出现皮肤损伤。

3. 做好翻身记录，准确记录翻身时间、体位及皮肤情况。

4. 一般翻身间隔时间为 2 小时一次，必要时可缩短为 1 小时一次。

六、会阴护理

会阴部因特殊的生理结构，是致病菌繁殖的重要部位，也是病原微生物侵入人体的重要途径。尤其是长期卧床、自理能力下降或大小便失禁的老年人，会阴部感染的发生率较高。照护者应协助自理能力不足的老年人进行会阴部清洁护理，以保持会阴部清洁，促进舒适，预防和减少生殖系统、泌尿系统的逆行感染。

（一）实践技能操作

1. 会阴清洁

【目的】

保持会阴部清洁、舒适，预防和减少感染。

【评估】

老年人的身体状况、心理状态及配合程度，会阴部清洁程度，局部皮肤情况等。

【准备】

照护者准备：衣帽整齐，修剪指甲，洗手。

环境准备：关闭门窗，拉窗帘或使用屏风。

老年人准备：协助老年人排尿排便，仰卧位，向老年人解释会阴清洁的配合要点。

用物准备：橡胶单、浴巾、脸盆、毛巾、水壶（内盛温水）、卫生纸、一次性手套、纱布、便盆。

【实施步骤】会阴清洁法见表 5-15。

表 5-15　会阴清洁法

步　骤	操作内容	要点说明
步骤一	1. 准备环境及物品 （1）关闭门窗，拉上窗帘或使用屏风遮挡 （2）将橡胶单和浴巾铺于老年人臀下；协助老年人脱对侧裤腿，盖在近侧腿上，对侧腿用盖被遮盖 （3）协助老年人取屈膝仰卧位，双腿外展 （4）脸盆内放温水，将脸盆和卫生纸置于床旁桌上 （5）照护者戴一次性手套	
步骤二	2. 擦洗会阴部 男性 （1）用温水浸湿毛巾，拧干毛巾擦洗大腿内侧 1/3，由外向内至阴囊边缘 （2）轻提阴茎，手持纱布将包皮后推后露出冠状沟，由尿道口向外环形擦洗阴茎头部。更换毛巾，反复擦洗，直至擦净 （3）沿阴茎体由上向下擦洗 （4）擦洗阴囊及阴囊下皮肤褶皱处 女性 （1）用温水浸湿毛巾，拧干毛巾擦洗大腿内侧，由外向内至大阴唇边缘 （2）擦洗阴阜、阴唇 （3）分开阴唇，由上到下从会阴部向肛门方向擦洗 （4）置便盆于老年人臀下，用温水冲洗会阴和肛门部。冲洗干净后，擦干会阴部，移除便盆	擦洗方向为从污染最小部位至污染最大部位，防止尿道口感染 动作轻柔，避免过度刺激 每擦一处，更换毛巾不同部位
步骤三	3. 擦洗肛周 （1）协助老年人侧卧位，擦洗肛周及肛门部位，必要时先用卫生纸擦洗 （2）根据老年人肛周情况，涂抹凡士林或氧化锌软膏	
步骤四	4. 整理用物 （1）脱手套，移除橡胶单和浴巾 （2）协助老年人穿好裤子，取舒适卧位 （3）整理床单位，洗手	

【注意事项】

1. 会阴部擦洗时，每擦洗一处需更换毛巾部位。

2. 擦洗动作轻柔，从污染最小部位至污染最大部位清洁。

3. 注意保护老年人隐私并保暖。

4. 观察老年人会阴部皮肤情况，如发现特殊情况及时联系医护人员。

七、修饰仪容仪表

仪容指人的外观，仪表指人的外表。仪容仪表包含人的容貌、服饰和姿态等，能体现人的精神状态。良好的仪容仪表能使老年人身心愉悦。但老年人由于各种原因，无法独立整理仪容仪表，需要照护者协助进行修饰。

照护者需了解修饰仪容仪表的重要性，掌握仪容仪表整理的要求和基本原则，并能熟练地为老年人进行指（趾）甲修剪、剃须等整理工作。

（一）仪容仪表的观察要点

老年人面部清洁，头发干净整齐，老年男性每日剃须。指（趾）甲整齐，长短适宜。口腔清洁无异味，身体清洁无异味。衣着得体，服装干净整洁。老年人情绪良好，面部常带笑容。

（二）实践技能操作

1.仪容仪表修饰

【目的】

保持良好的仪容仪表，身心舒适。

【评估】

老年人的身体状况、个人卫生情况、生活习惯、仪容仪表修饰习惯等。

【准备】

照护者准备：衣帽整齐，修剪指甲，洗手。

环境准备：宽敞明亮，温湿度适宜。

老年人准备：协助老年人坐位或卧位，向老年人解释仪容仪表修饰的配合要点。

用物准备：毛巾 2 条、脸盆（盛温水）、润肤油、指甲刀、纸巾、镜子、梳子、干净衣裤、剃须刀。

【实施步骤】仪容仪表修饰法见表 5-16。

表 5-16　仪容仪表修饰法

步　骤	操作内容	要点说明
步骤一	1.修剪指（趾）甲 　　纸巾铺于老年人手下。照护者左手握住老年人一只手的手指，右手持指甲刀修剪指甲至适宜长度，必要时用指甲锉挫平指甲边缘。同法修剪趾甲。	

续表

步　骤	操作内容	要点说明
步骤二	2. 男性老年人剃须 　（1）用温水清洁面部 　（2）一手绷紧面部皮肤，一手打开剃须刀，从左到右、从上到下进行剃须 　（3）剃须结束，用毛巾擦净剃须部位	若胡须较坚硬，可用温热毛巾热敷5分钟 剃须过程须绷紧皮肤，以防刮伤皮肤
步骤三	3. 整理仪容仪表 　（1）检查仪容，用毛巾擦拭老年人眼角、口角及鼻孔，清除分泌物；梳理头发 　（2）检查仪表，根据时间、地点、场合选择适宜的着装，清理服装上的头屑和落发 　（3）协助老年人照镜子，根据老年人要求进一步修饰	
步骤四	4. 整理用物 　整理各项用物，清洗毛巾	

【注意事项】

1. 尊重老年人修饰仪容仪表的习惯。

2. 剃须时，绷紧面部皮肤，以防刮伤皮肤。

八、更换衣裤

老年人因脊柱、关节等发生生理变化，且活动范围减少，体质与年轻人有较大差别。为老年人选择适宜的衣着，及时更换并保持衣着整洁舒适，能改善老年人的身体状况，提升自信心。照护者需掌握老年人衣着选择的要求和原则，能协助老年人顺利更换各类衣裤。

（一）衣着要求

1. 实　用

老年人的皮肤敏感性降低，对外界环境的适应能力较差，常冬季畏寒，夏季畏热。照护者需根据气温变化，为老年人选择适宜衣物。

2. 舒　适

老年人躯体活动能力降低甚至受限，需为其选择纯棉类衣物，宽松舒适，柔软轻便，利于老年人活动。夏季，可选用真丝、棉麻服装，凉爽透气。

3. 整　洁

整洁的衣物不仅有利身体健康，还能提高老年人的精神状态。老年人内衣及夏季衣物应常洗常换。

4. 美　观

根据老年人的文化素养、衣着品位选择适宜的服装，一般宜选用素雅、沉稳的衣着，款式简洁大方，方便穿着为宜。

（二）鞋袜的选择

1. 袜　子

老年人的袜子宜选择棉质的松口袜子，袜口过紧易导致血液回流不畅，引起老年人肢体肿胀不适。袜子应勤换洗，促进足部健康。

2. 鞋　子

老年人的鞋子应具有透气、减震、安全、轻巧等特点。日常行走可选用适当垫高后跟的布底鞋；运动可选用鞋底软硬适中，前部略翘，后跟略高的运动鞋。尽量少穿拖鞋，拖鞋宜选用刚好能将足部塞满，且后跟在 2 ～ 3cm 的整块鞋面的拖鞋。

（三）实践技能操作

1. 更换衣裤

【目的】

保持衣裤干净整齐，提升老年人精神状态。

【评估】

老年人的身体情况、意识状态、局部皮肤和会阴部皮肤情况等。

【准备】

照护者准备：衣帽整齐、修剪指甲、洗手。

环境准备：关闭门窗，拉窗帘，温度适宜，光线充足。

老年人准备：协助老年人坐位或卧位，向老年人解释更换衣裤的配合要点。

用物准备：干净的衣裤，必要时备脸盆（装温水）、毛巾、护肤油。

【实施步骤】更换衣裤法见表 5-17。

表 5-17　更换衣裤法

步　骤	操作内容	要点说明
步骤一	1. 前期准备 检查局部皮肤，清洗被汗液、尿液等浸润的皮肤，擦干后涂抹护肤油	

续表

步　骤	操作内容	要点说明
步骤二	**2.更换上衣** 　开襟上衣 　（1）解开上衣纽扣，照护者一手扶住老年人肩部，另一手扶住髋部，协助老年人翻身侧卧 　（2）脱去一侧衣袖，取干净开襟上衣，穿好一侧衣袖 　（3）将其余干净和被更换的上衣部分，平整披在老年人身下，协助老年人平卧 　（4）从老年人另一侧身下拉出衣物，脱下被更换的上衣，穿好另一侧衣袖，拉平上衣，扣好纽扣，整理领口及袖口。盖好被子，整理床铺 　套头上衣 　（1）协助老年人坐位，将老年人的衣服下端向上拉至胸部，从后背向前脱下衣身部分 　（2）照护者一手扶住老年人肩部，一手拉住近侧袖口，脱下该侧衣袖。同法脱下另一侧衣袖 　（3）确认上衣前后面，照护者一手从衣袖口伸入至衣身开口处，握住老年人手部，将衣袖套入老年人手臂。同法穿另一侧衣袖 　（4）握住衣身背部的下端开口至领口部分，套入老年人头部	若老年人一侧肢体活动受限，翻身时应侧卧于健侧肢体，使患侧肢体在上。脱衣时，先脱健侧，穿衣时，先穿患侧 穿脱衣物动作轻柔快捷，以防老年人受凉
步骤三	**3.更换裤子** 　（1）为老年人松开裤带，协助老年人身体右倾，将裤子左侧裤腰部分从臀部脱下；再协助老年人身体左倾，将裤子右侧裤腰部分从臀部脱下 　（2）照护者拉住两侧裤腰部分向下褪至膝部，抬起老年人一侧下肢，脱去一侧裤腿。同法脱去另一侧裤腿 　（3）确认裤子正反面，照护者左手从裤管口套入至裤腰处，握住老年人脚踝，右手轻拉裤腰至老年人大腿。同法穿另一侧裤管 　（4）提拉整理裤腰至老年人臀部，协助老年人身体左倾，将右侧裤腰部分向上拉至腰部；再协助老年人身体右倾，将裤子左侧部分向上拉至腰部 　（5）系好裤带，整理裤子	若老年人一侧肢体活动受限，脱裤子时，应先脱健侧，穿裤子时，先穿患侧
步骤四	**4.整理处置** 　协助老年人盖好被子，整理床单位，清洗更换下的衣裤	

床上换衣服　　　床上换裤子

【注意事项】

1. 评估老年人身体状况，翻身时，不可压迫活动受限处肢体。

2. 若老年人一侧肢体活动受限，脱衣裤时，先脱健侧，穿衣裤时，先穿患侧。

3. 动作轻柔，避免推、拉、拽，以防老年人皮肤受损。

4. 注意保护老年人隐私和保暖，以免受凉。

第三节　排泄照料

学习目标

1. 了解老年人床上便器的种类，尿垫或纸尿裤的分类。

2. 熟悉老年人便秘、留置导尿的相关知识。

3. 掌握老年人排泄异常、呕吐物异常的观察要点。

4. 掌握老年人如厕、便器使用及更换纸尿裤的操作流程。

5. 能协助老年人进行床上排泄。

6. 能为老年人更换尿垫或纸尿裤。

7. 能为呕吐的老年人变换体位。

8. 能更换一次性集尿袋。

9. 能理解老年人的需求，重视排泄护理。

10. 尊重老年人，认真细致地实施排泄照护。

案例导入

王大爷，67岁，丧偶，子女居住外地。平日不爱活动，白天大部分时间在家看书报或电视。喜欢肉食和辛辣刺激性食物，不喜蔬果。最近体检发现，血脂偏高、脂肪肝。近段时间出现排便困难，每周排便1～2次，大便干结，呈粟子样，食欲下降。

思考：王大爷出现了什么问题？为何会出现这个问题？作为照护者，如何指导和帮助王大爷恢复正常排便习惯？

排泄是人体最基本的生理需要之一，它是指机体将新陈代谢的终产物排出体外的过程。人体可通过皮肤、呼吸道、消化道及泌尿道进行排泄，其中排尿和排便是最主要的排泄方式。排尿是尿液在肾脏生成后，经输尿管进入膀胱暂时贮存，达到一定量后，通过尿道排出体外的过程。人体排泄的活动和形态，会受到很多因素的影响。照护者应掌握与排泄有关的照护技巧，帮助或指导老年人维持较好的排泄功能，满足其排泄的需要，使老年人保持良好的健康状况。

一、正常排泄的观察要点

1. 尿　液
白天排尿 3 ～ 5 次，夜间 0 ～ 1 次，24 小时尿量约 1000 ～ 2000ml，清澈透明，呈淡黄色或深黄色。尿液久置后，分解产氨，出现氨臭味。

2. 粪　便
每天排便 1 ～ 3 次，约 100 ～ 300g。正常粪便为成形软便，呈黄褐色或棕黄色。

二、排泄的影响因素

正常情况下，排泄活动受意识控制，无痛苦无障碍。但诸多因素会影响人体的排泄，如疾病因素（神经系统损伤、泌尿系统疾病等）、饮食饮水习惯、心理因素、环境因素、气候变化等，均会使老年人排泄发生改变。照护者应从多方面评估老年人出现的排泄问题，从认知、饮食、运动、环境等方面，指导和帮助老年人，满足其排泄的需求。

三、常见排泄异常的护理

（一）尿失禁

1. 皮肤护理
保持局部皮肤清洁干燥。床上铺橡胶单或护理垫，也可使用尿垫或纸尿裤。经常用温水清洗会阴部皮肤，勤换衣裤、尿垫或纸尿裤。必要时，局部皮肤涂抹软膏保护，避免破损感染。重点观察骶尾部皮肤变化，定时按摩受压部位，预防压疮。

2. 重建自主排泄功能

（1）饮水指导：若老年人身体状况允许，照护者可指导老年人每日摄入液体 2000～3000ml，促进排尿反射，预防泌尿系统感染。入睡前限制饮水量，减少夜间尿量，以免影响老年人休息。

（2）膀胱功能锻炼：观察老年人排尿反应，定时使用便器。开始时每1～2小时使用便器一次，后逐渐延长使用间隔时间，促进老年人排尿功能的恢复。

（3）盆底肌锻炼：根据老年人情况，取立、坐或卧位。指导老年人试做排尿（排便）动作，先慢慢收紧盆底肌肉，再缓慢放松，每次10秒左右，连续10遍，每日数次，以老年人不觉疲乏为宜。

3. 心理护理

失禁老年人会出现精神苦闷、忧郁、自尊丧失等情绪反应。照护者应尊重和理解老年人，给予细致照护的同时，安慰、开导和鼓励老年人，使老年人重树乐观的心态。

（二）便　秘

1. 排便环境　为老年人提供单独隐蔽的环境和充足的排便时间。

2. 排便姿势　根据老年人身体状况，协助其下床如厕。如使用床上便盆，宜采用坐姿或抬高床头，利于排便。

3. 腹部按摩　排便时用手沿结肠解剖位置，自右向左环形按摩，刺激肠道蠕动，促进排便。

4. 简易通便　常用开塞露、甘油栓等，软化粪便，润滑肠壁，刺激肠蠕动促进排便。

5. 心理护理　分析老年人便秘的原因，设计个性化的防治措施，缓解老年人的焦虑情绪。

6. 健康指导　重建正常的排便习惯，每日固定时间排便，不随意使用缓泻剂或灌肠等方法。多饮水，多食蔬果粗粮等富含纤维素的食物，限制辛辣刺激、油脂类食物的摄入量。适当安排活动，如散步、体操、太极拳，指导卧床老年人进行床上肢体活动。

（三）实践技能操作

1. 如厕帮助

【目的】

满足老年人的排泄需求，保持良好的健康状态。

【评估】

老年人的身体情况、肢体活动能力等。

【准备】

照护者准备：衣帽整齐，修剪指甲，洗手。

环境准备：宽敞明亮，清洁安静，地面无水渍。

老年人准备：向老年人询问是否需要如厕，解释如厕的配合要点。

用物准备：卫生间坐便器或床旁坐便椅、卫生纸。

【实施步骤】如厕帮助法见表5-18。

表5-18　如厕帮助法

步　骤	操作内容	要点说明
步骤一	1. 协助入卫生间 若老年人的肢体活动能力较好，照护者可搀扶其进入卫生间，关好厕所门；若老年人行走能力较差，照护者可置坐便椅于床旁，协助老年人使用坐便椅如厕	若老年人可独立如厕，叮嘱老年人卫生间不可锁门
步骤二	2. 脱裤 照护者上身抵住老年人，一手扶老年人腋下或腰部，一手协助老年人脱下裤子	注意保护老年人隐私和保暖
步骤三	3. 坐在便器 照护者双手扶住老年人腋下，协助老年人坐在便器上，叮嘱老年人双手扶好扶手坐稳	老年人蹲厕所时间不宜过长，起身速度宜慢
步骤四	4. 擦拭肛门 协助老年人从前至后擦肛门	根据老年人身体状况，可让老年人自己完成
步骤五	5. 穿裤子 协助老年人起身，穿好衣裤	
步骤六	6. 整理 开窗通风，清洗坐便器或坐便椅，洗手并协助老年人洗手，安置老年人，观察和记录排泄次数、量和颜色	

【注意事项】

1. 确保如厕环境安全，地面无水渍。

2. 老年人排便时，注意保护隐私，并保暖。

3. 老年人蹲厕所时间不宜过长，起身速度宜慢，以防跌倒。

4. 与老年人充分沟通，消除老年人顾虑。

5. 记录老年人排泄次数、量和颜色，如有异常，及时联系医护人员。

2. 便盆、尿壶的使用

因疾病治疗原因需长期卧床，或肢体运动功能减退，活动受限时，老年人无法下床正常如厕。照护者需协助老年人在床上使用便器，满足老年人的排泄需求。

（1）尿壶的使用

【目的】

满足老年人排尿需要，促进老年人舒适。

【评估】

老年人的身体情况、配合程度及自理能力等。

【准备】

照护者准备：衣帽整齐、修剪指甲、洗手并温暖双手。

环境准备：关闭门窗，拉上窗帘或使用屏风。

老年人准备：向老年人询问是否需要排尿，解释床上排尿的配合要点。

用物准备：尿壶、卫生纸、一次性护理垫、一次性手套，必要时备水盆、毛巾。

【实施步骤】尿壶使用法见表5-19。

表5-19 尿壶使用法

步骤	操作内容	要点说明
步骤一	1. 协助平卧 （1）关闭门窗，拉上窗帘或使用屏风 （2）照护者戴手套，打开下身盖被置于对侧床上，协助老年人仰卧位 （3）一手托起老年人臀部，另一手将一次性护理垫置于老年人腰臀部	注意保护老年人隐私
步骤二	2. 脱裤 协助老年人脱裤子于膝盖部位	

续表

步骤	操作内容	要点说明
步骤三	3. 放置尿壶 **男性** 　　协助老年人面向照护者侧卧位，膝盖并拢。照护者戴一次性手套，协助老年人将阴茎插入尿壶接尿口，固定尿壶 **女性** 　　协助老年人仰卧位，屈膝双腿稍分开。照护者手持尿壶，将尿壶开口边缘紧挨阴部，将尿壶稳定支撑于床上，置卫生纸于会阴部上方，以防尿液飞溅	与老年人保持沟通，取得老年人配合，了解并满足老年人的需求
步骤四	4. 取出尿壶 　　待排尿结束，取出尿壶和护理垫，脱手套，协助老年人穿好裤子，盖好盖被	
步骤五	5. 整理用物 　　开窗通风，协助老年人洗手，清洗尿壶，记录排尿次数、量和颜色	观察尿液的性质和量，如有异常，及时联系医护人员

（2）便盆的使用

【目的】

满足老年人排便需要，促进老年人舒适。

【评估】

老年人的身体情况、腰部活动情况、配合程度及自理能力等。

【准备】

照护者准备：衣帽整齐，修剪指甲，洗手并温暖双手。

环境准备：关闭门窗，拉上窗帘或使用屏风。

老年人准备：向老年人询问是否需要排便，解释床上排便的配合要点。

用物准备：便盆（内置卫生纸）、卫生纸、一次性护理垫、尿壶（男性）、一次性手套，必要时备水盆、毛巾。

【实施步骤】便盆使用法见表5-20。

表 5-20　便盆使用法

步　骤	操作内容	要点说明
步骤一	1. 协助平卧 （1）便盆加温或加垫，关闭门窗，拉上窗帘或屏风 （2）照护者戴手套，打开下身盖被置于对侧床上，协助老年人仰卧位，拉起床档 （3）一手托起老年人臀部，另一手将一次性护理垫置于老年人腰臀部	注意保护老年人隐私 翻转操作注意安全
步骤二	2. 脱裤 协助老年人脱裤子于膝盖部位，两腿屈膝，必要时用软枕垫于膝下	
步骤三	3. 放置便盆 照护者一手托起老年人的臀部，将臀部抬高 20～30cm，另一手将便盆开口向足部，置于老年人臀下；若老年人腰部无法抬起，可先拉起对侧床档，协助老年人背对照护者取侧卧位，腰下垫软枕，将便盆扣于臀部，再协助老年人仰卧，调整便盆位置	与老年人保持沟通，取得老年人配合，了解并满足老年人的需求注意保护老年人安全，防止坠床
步骤四	4. 防尿液飞溅 为防止尿液飞溅，女性老年人可在阴部盖上卫生纸，男性可使用尿壶，膝盖并拢，盖上盖被	
步骤五	5. 取出便盆 照护者一手抬起老年人腰骶部，一手取出便盆，叮嘱老年人双腿协同用力抬臀；若老年人腰部无法抬起，照护者可一手扶住便盆，一手协助老年人侧卧，取出便盆	
步骤六	6. 擦洗肛门 （1）将卫生纸在手上绕三层左右，在臀下从前至后擦净肛门 （2）用温水清洗肛门，擦干，撤出护理垫，脱手套，协助老年人穿好裤子	
步骤七	7. 整理用物 开窗通风，清洗坐便器，协助老年人洗手，照护者洗手，记录排便次数、量和颜色	观察排便的性质和量，如有异常，及时联系医护人员

【注意事项】

1. 尊重并保护老年人隐私。

2. 保持便器清洁，避免使用破损便盆，以防老年人皮肤受损。

3. 必要时，便器加温或加垫子，避免太凉引起老年人不适。

3. 尿垫、纸尿裤的更换

尿失禁是指因各种原因导致排尿失去意识控制或不受意识控制，尿液不自主地流出。排便失禁指肛门括约肌不受意识的控制而不自主地排便。对于不能自主控制排泄的老年人，可使用尿垫或纸尿裤。

（1）**更换尿垫**

【目的】

保持床铺干净整洁，保持老年人局部皮肤清洁干爽。

【评估】

老年人的意识状态、自理能力和局部皮肤状况（有无湿疹、压疮）等。

【准备】

照护者准备：衣帽整齐，修剪指甲，洗手并温暖双手。

环境准备：关闭门窗，拉上窗帘或使用屏风。

老年人准备：向老年人解释更换尿垫的目的和配合要点。

用物准备：一次性尿垫、卫生纸、屏风、水盆（内盛37℃～40℃温水）、毛巾、一次性手套。

【实施步骤】更换尿垫法见表5-21。

表5-21　更换尿垫法

步　骤	操作内容	要点说明
步骤一	1. 前期准备 （1）照护者向老年人解释配合要点 （2）关闭门窗，拉上窗帘或屏风，拉起床挡	注意保护老年人隐私 翻身操作注意安全
步骤二	2. 更换尿垫 （1）照护者戴手套，协助老年人左侧卧位，用温水和毛巾擦洗右侧臀部及会阴部皮肤 （2）将污染的一次性尿垫向内折叠，塞于老年人身体下面，将干净的护理垫一侧卷起塞于老年人身下，另一侧向自己侧拉开（见图5-9） （3）协助老年人翻身至右侧卧位，撤下一次性尿垫，擦拭左侧臀部及会阴部皮肤，同时观察老年人局部皮肤情况 （4）将一次性尿垫另一侧拉平，翻转老年人身体至平卧位，拉平尿垫	检查老年人会阴部皮肤状况，避免发生尿布疹 更换尿垫时，观察排泄物的性质、量、颜色和气味。如有异常，及时联系医护人员
步骤三	3. 整理 整理床单位，为老年人盖好被子，整理用物，洗手，开窗通风	

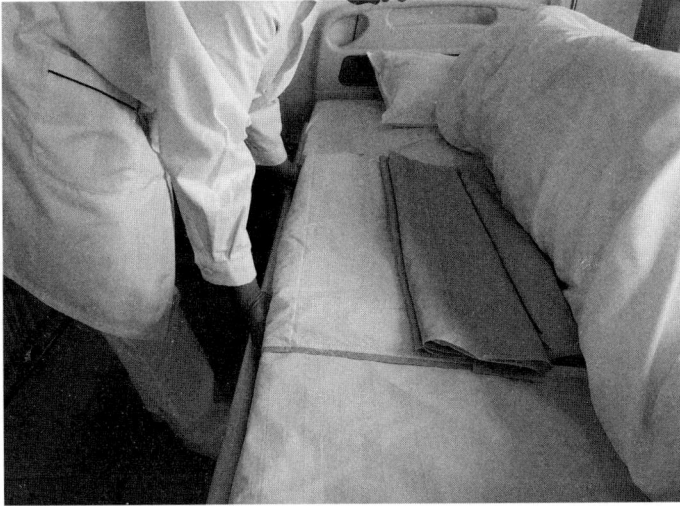

图 5-9 一侧更换尿垫

（2）更换纸尿裤

【目的】

保持老年人局部皮肤清洁干爽，增加舒适感。

【评估】

老年人的意识状态、自理能力和局部皮肤状况（有无湿疹、压疮）等。

【准备】

照护者准备：衣帽整齐，修剪指甲，洗手并温暖双手。

环境准备：关闭门窗，拉上窗帘或使用屏风。

老年人准备：向老年人解释更换纸尿裤的目的和配合要点。

用物准备：一次性纸尿裤、卫生纸、屏风、水盆（内盛37℃～40℃温水）、毛巾、一次性手套。

【实施步骤】更换纸尿裤法见表5-22。

表 5-22 更换纸尿裤法

步 骤	操作内容	要点说明
步骤一	1. 前期准备 （1）照护者向老年人解释配合要点 （2）关闭门窗，拉上窗帘或屏风，拉起床挡	注意保护老年人隐私 翻身操作注意安全

续表

步　骤	操作内容	要点说明
步骤二	2.更换纸尿裤 （1）照护者戴手套，协助老年人仰卧位。打开下身盖被，解开纸尿裤粘扣，展开两翼至老年人身体两侧，将前片从两腿间后撤 （2）协助老年人侧卧，将污染纸尿裤向内折叠于臀下，用温水和毛巾擦洗会阴部 （3）将清洁的纸尿裤内面折叠置于床边，协助老年人翻身至另一侧，撤下污染的纸尿裤放入污物桶，打开清洁的纸尿裤置于身下铺平 （4）协助老年人翻转身体取平卧位，从两腿间向前向上兜起纸尿裤前片，整理大腿内侧边缘，粘好两翼粘扣	检查老年人会阴部皮肤状况，避免发生尿布疹 更换纸尿裤时，观察排泄物的性质、量、颜色和气味。如有异常，及时联系医护人员 整理纸尿裤，将纸尿裤大腿内、外侧边缘展平，防止侧漏
步骤三	3.整理 整理床单位，为老年人盖好被子，整理用物，洗手，开窗通风	

床上换纸尿裤

【注意事项】

1.尊重并保护老年人隐私，注意保暖。

2.协助老年人翻转身体时，注意安全。

3.纸尿裤大腿内、外侧边缘展平，以防侧漏。

4.动作轻柔快捷，减少老年人不必要的肢体暴露。

4.开塞露的使用

【目的】

解除老年人便秘痛苦，促进健康。

【评估】

老年人的身体状况、便秘程度等。

【准备】

照护者准备：衣帽整齐，修剪指甲，洗手。

环境准备：关闭门窗，拉上窗帘或使用屏风。

老年人准备：向老年人解释使用开塞露的配合要点。

用物准备：开塞露、卫生纸、便盆、一次性护理垫、一次性手套，必要时备剪刀。

【实施步骤】使用开塞露法见表5-23。

表5-23　使用开塞露法

步　骤	操作内容	要点说明
步骤一	1.前期准备 （1）照护者向老年人解释配合要点 （2）关闭门窗，拉上窗帘或使用屏风	
步骤二	2.摆放体位 （1）照护者戴手套，拉起床档，协助老年人取左侧卧位，脱裤子至大腿部 （2）照护者一手托起老年人臀部，一手将一次性护理垫置于老年人腰臀下	
步骤三	3.开塞露插入肛门 （1）取下开塞露瓶盖或用剪刀剪开 （2）照护者左手分开老年人臀部，右手持开塞露球部，轻挤出少量药液润滑开塞露前端及肛门口。叮嘱老年人深吸气，将开塞露前端缓慢插入肛门深部，将药液全部挤入 （3）照护者左手取卫生纸置于老年人肛门处，右手快速拔出开塞露外壳，叮嘱老年人保持体位10分钟，用盖被遮盖老年人腰臀部 （4）协助老年人排便，并擦净肛门	若老年人有痔疮，使用开塞露时，动作宜慢，充分润滑 若老年人有便意，指导老年人深呼吸，提肛收紧肛门，并协助按摩肛门部
步骤四	4.整理 撤去一次性尿垫，脱下一次性手套，整理衣物及床单位。开窗通风，洗手，记录开塞露使用的量及排便情况，向老年人解释便秘产生的常见原因和预防措施	

【注意事项】

1.尊重并保护老年人隐私，注意保暖。

2.开塞露使用前，检查前端是否圆润光滑，以免损伤肛门周围组织。

3.使用开塞露时，指导老年人深呼吸，保持体位10分钟。

4.做好老年人便秘防治健康指导，避免习惯性使用开塞露。

四、呕吐护理

老年人呕吐时，容易发生呛咳、误吸，协助其变换体位，可减少或避免此现象的发生，同时增加老年人的舒适度，促进呕吐物的排出，便于及时进行疾病的观察和处理。

呕吐症状较轻者，可取坐位，老年人体质虚弱时，可侧卧位或仰卧位头偏一侧。

（一）呕吐物的观察要点

1.呕吐物主要为胃内容物，为食物的颜色，伴酸腐气味，常提示消化不良或幽门梗阻。

2.呕吐物为胃内容物伴胆汁，呈黄绿色，伴苦味，提示肠腔梗阻。

3.呕吐物为粪样呕吐物，呈黑褐色，伴臭味，提示低位肠梗阻。

4.呕吐物为血性呕吐物，伴血腥味，若呈鲜红色，提示上消化道出血；若呈紫褐色，提示静脉出血；若为咖啡色，提示胃内有陈旧性出血。

（二）实践技能操作

1.呕吐协助体位变换

【目的】

促进呕吐物排出，防止呛咳、误吸，增加老年人舒适度。

【评估】

呕吐物的量、性状、颜色和气味等。

【准备】

照护者准备：衣帽整齐、修剪指甲、洗手。

环境准备：干净整洁，温湿度适宜。

用物准备：水杯（内盛清水）、毛巾、水盆，必要时备吸管。

【实施步骤】呕吐协助体位变换法见表5-24。

表5-24　呕吐协助体位变换法

步　骤	操作内容	要点说明
步骤一	1.摆放体位 （1）老年人出现呕吐时，照护者立刻来到身旁，安慰老年人，缓解老年人紧张情绪。向老年人解释变换体位的目的，获得老年人的配合 （2）根据老年人身体状况及呕吐症状，协助老年人取舒适、安全体位。呕吐轻者，可取坐位，叮嘱老年人身体稍前倾；呕吐重或体质虚弱者，可取侧卧位或仰卧位头偏一侧	照护者应热情、关心和同情老年人，不嫌脏臭

步　骤	操作内容	要点说明
步骤二	2. 观察呕吐 （1）照护者轻抚老年人背部，以防老年人发生误吸 （2）观察老年人面色及呕吐方式呕吐物性质。若呕吐物性状异常，应保留呕吐物，立即联系医护人员	
步骤三	3. 漱口 （1）取水杯和水盆，协助老年人漱口，必要时使用吸管，漱口水吐至水盆中 （2）用毛巾擦净口角及面部	
步骤四	4. 整理 及时清理老年人呕吐物，及时更换污染被服，开窗通风，整理床单位，洗手，记录老年人呕吐物的量、性质和颜色	

【注意事项】

1. 老年人出现呕吐时，照护者应立即陪伴，关心老年人，给予安抚。

2. 根据老年人呕吐症状及身体状况，协助合适的体位。

3. 观察记录呕吐的量、性状及颜色，如有异常，留取标本，立即联系医护人员。

4. 及时清理呕吐物，污染被服及时更换。

五、一次性集尿袋更换

对于长期尿失禁的老年人，可行导尿术留置导尿管，避免尿液浸渍皮肤。

（一）留置导尿的护理

在严格无菌操作下，用导尿管经尿道插入膀胱，并将导尿管保留在膀胱内引流尿液的方法，称为留置导尿术。照护者需做好老年人的留置导尿护理工作。

1. 尿道口清洁　每日擦拭女性尿道口及外阴，男性擦拭尿道口、龟头及包皮，每日 1 ～ 2 次。排便后及时清洗老年人肛门及会阴部皮肤。

2. 更换导尿管　更换频率根据其材质决定，一般 1 ～ 4 周更换 1 次。

3. 更换集尿袋　观察并及时排空集尿袋内尿液，并记录尿量。一般每周更换集尿袋 1 ～ 2 次，若尿液异常，需及时更换。

4. 鼓励补液　若老年人身体情况允许，鼓励老年人每日摄入 2000ml 以上水分，冲洗尿道。

5. 膀胱反射功能锻炼　可采用间歇性夹管方式，夹闭导尿管，每 3 ～ 4 小时开放 1 次，促进膀胱功能的恢复。

（二）异常尿液的观察要点

1. 尿　量

正常成年人 24 小时尿量为 1000 ～ 2000ml。24 小时尿量超过 2500ml，称为多尿，提示糖尿病、尿崩症或肾功能衰竭等；24 小时尿量少于 400ml 或每小时尿量少于 17ml，提示发热、液体摄入过少或休克等；24 小时尿量少于 100ml 或 12 小时无尿，提示严重血液循环不足，休克、急性肾衰竭、药物中毒等。

2. 颜　色

正常尿液为淡黄色、澄清透明。若尿液呈深黄色，提示水分摄入不足；若呈红色，提示有活动性出血，泌尿系统感染或其他膀胱疾病；若为咖啡色，提示有出血、泌尿系统疾病；若为乳白色，尿液呈米汤样，提示丝虫病；若尿液浑浊，有絮状物，提示泌尿系统感染。

3. 气　味

正常尿液可有淡尿素气味，久置后可出现氨臭味。若新鲜尿液有氨臭味，提示慢性膀胱炎；若有烂苹果气味，提示糖尿病酮症酸中毒；若有蒜臭味，提示有机磷农药中毒。

（三）实践技能操作

1. 更换集尿袋

【目的】

防止泌尿系统逆行感染。

【评估】

老年人的意识状态，导尿管有无脱出，管道有无通畅等。

【准备】

照护者准备：衣帽整齐、修剪指甲、洗手。

环境准备：干净整洁，宽敞明亮。

老年人准备：向老年人解释更换一次性集尿袋的配合要点。

用物准备：一次性无菌集尿袋、碘伏、棉签、别针、一次性手套、一次性治疗巾、便盆、止血钳。

【实施步骤】更换集尿袋法见表5-25。

表5-25　更换集尿袋法

步　骤	操作内容	要点说明
步骤一	1. 检查用物 　　检查一次性集尿袋、碘伏、棉签等，确认在有效期内，可以使用	
步骤二	2. 更换尿袋 　　（1）照护者戴手套，将一次性治疗巾垫于尿管和尿袋连接处下方，打开新尿袋放于卫生纸上 　　（2）用血管钳夹住尿管，分离导尿管与尿袋 　　（3）用碘伏消毒尿管端口及周围。打开新尿袋的引流管接头，将引流管插入导尿管中，手不触及导尿管口及周围。松开止血钳，观察尿液引流情况，用别针将尿袋固定在床单上 　　（4）观察尿袋中尿液的量、性质，打开尿袋底部的阀门，将尿液放入便器中，将尿袋置入医疗垃圾	严格无菌操作 固定好的尿袋引流管末端，需在老年人会阴部平面以下，以防尿液逆流
步骤三	3. 整理 　　整理用物及床单位，洗手，记录尿液的量、性状等	

【注意事项】

1. 操作前，确认无菌物品的有效期。

2. 严格无菌操作。

3. 尿袋引流管末端的高度，要低于老年人会阴的高度，避免尿液反流。

4. 观察和记录老年人的尿量、性状，如有异常，及时联系医护人员。

第四节　睡眠照料

学习目标

1. 了解影响老年人睡眠的因素。

2. 熟悉老年人的睡眠特点。

3. 掌握老年人对睡眠环境的要求。

4. 能正确为老年人布置睡眠环境。

5. 能对睡眠障碍的老年人进行睡眠照料。

6. 能倾听老年人的诉求，及时给予帮助。

案例导入

　　章爷爷，70 岁。既往高血压史，常感头晕头痛，在医生指导下做了相关的治疗。近期搬进女儿新家居住，却出现睡眠质量较差，入睡困难，夜间易醒，醒后无法入睡的情况。章爷爷反映对新环境的睡眠环境不适应，睡眠不佳导致精神状态较差。照护者小李需要采取相关措施，为章爷爷创造舒适的睡眠环境，改善睡眠问题。

　　思考：影响章爷爷睡眠的因素有哪些？如何改善睡眠环境？采取哪些措施可提高章爷爷的睡眠质量？

一、布置睡眠环境

　　睡眠是休息的一种重要形式，是人类生存的必要条件。睡眠能保护大脑皮质细胞免于衰竭和破坏，同时能使精神和体力得到恢复。良好的睡眠对于维持老年人的健康，具有十分重要的意义。

（一）老年人的睡眠特点

　　1. 睡眠时间减少　老年人因新陈代谢减慢及体力活动减少，所需睡眠时间相对减少，一般每天约 6 小时。睡眠质量，不应简单地以睡眠时间的长短来判断，而应以睡眠后是否消除疲劳、精力是否充沛来评判。

　　2. 入睡困难　由于大脑皮质的抑制作用减弱，老年人常出现入睡困难，也可表现为夜间觉醒后再入睡困难。

　　3. 睡眠时相提前　老年人容易早醒，睡眠趋向早睡早起。

　　4. 浅睡眠　老年人深睡眠比例减少，浅睡眠比例增加，夜间觉醒次数增多。老年人常处于浅睡眠中，易受到各种因素影响而觉醒。

（二）老年人对睡眠环境的要求

　　1. 温湿度　老年人的体温调节能力下降，对外界温度的敏感性变差，照护者需调节卧房内的温湿度。一般夏季室内温度宜为 26℃～30℃，冬季宜为

18℃～22℃，相对湿度宜为 50%～60%。

2.声光色彩　老年人的睡眠较浅，易受外界声光的影响，故居住环境需保持安静，室内光线要暗。照护者在夜间照护时，需做到"四轻"，即走路轻、操作轻、关门轻、说话轻。睡前用遮光性较好的深色窗帘拉好，关闭室内灯光。若老年人需要，可开启壁灯或地灯。卧房墙壁颜色素雅，避免引起老年人情绪兴奋或焦躁。

3.通风换气　老年人入睡前，需对卧房进行通风换气，清除室内异味及污浊空气。

4.居室设备　老年人卧房内的设备应简洁实用，摆放合理，家具转角尽量选择弧形或安装防撞保护套，以防老年人夜间起夜碰伤。

5.卫生间　卫生间应尽量靠近卧房，坐便器旁安装扶手，地面铺防滑砖。照护者应提醒老年人睡前排空大小便，减少起夜对睡眠造成的影响。若老年人行动不便，应将水杯、痰桶、便器等所需物品放置于适宜位置。

6.床铺　根据老年人身高调整床铺高度，以适宜老年人上下床为宜，一般为40～50cm。床铺软硬度适中。

7.被服　选用保温性能较好的棉芯被褥，根据季节调整薄厚，松软适中。床褥平整舒适，无渣屑。枕芯宜选用荞麦皮，透气且软硬度适中。根据老年人习惯调整枕头高度，一般宜为 6～9cm。

（三）实践技能操作

1.布置睡眠环境

【目的】

改善老年人的睡眠质量，促进老年人的舒适感。

【评估】

卧房环境清洁、安静、舒适、安全，老年人的意识状态、自理能力、睡眠环境情况等。

【准备】

照护者准备：衣帽整齐、修剪指甲、洗手。

环境准备：清洁、安静、舒适、安全。

老年人准备：协助老年人排尿、排便，洗漱完毕，做好入睡准备。

用物准备：手消毒液，记录单、笔，必要时备毛毯。

【实施步骤】布置睡眠环境法见表 5-26。

表 5-26 布置睡眠环境法

步 骤	操作内容	要点说明
步骤一	1.沟通 与能够有效沟通的老年人进行沟通，了解老年人的睡眠习惯和对睡眠环境的要求。向老年人解释准备睡眠环境的目的和要求，获得老年人的同意和配合	
步骤二	2.布置环境 （1）开窗通风：老年人睡前，卧房开窗通风30分钟后关闭窗户 （2）调节温湿度：夏季卧房温度调至26℃～30℃，冬季卧房温度调至18℃～22℃，相对湿度50%～60% （3）调节声光：拉上窗帘，关闭电视及其他声源，减少光线和声音对老年人睡眠的影响 （4）铺床：检查床铺有无渣屑，按压床铺感受软硬度，展开盖被呈S折叠	入睡前，卧室适当通风换气，以防浑浊的空气或异味影响老年人睡眠
步骤三	3.协助老年人上床 根据老年人身体状况，搀扶老年人坐在床上，或使用轮椅转运老年人至床上，协助其脱掉鞋子及衣物，平躺在床正中位置，盖上薄厚适宜的被子，必要时拉上床档	床铺高矮以适合老年人上下床为宜 被褥薄厚根据季节调整，枕头高度适中，软硬度适中
步骤四	4.询问需求，整理 （1）询问老年人需求，必要时床旁放置便器，问候晚安后，关闭房间大灯，打开地灯。照护者退出房间，轻轻关门 （2）整理用物，洗手，做好夜间巡视和记录	若有异常情况，及时准确记录并处理

【注意事项】

1. 睡眠环境以老年人需求为宜，向老年人解释适宜睡眠的环境要求。

2. 根据季节，调节卧房温湿度。

3. 床褥、枕头软硬度适中，根据季节调整被褥薄厚。

4. 做好夜间巡视和记录，准确记录老年人睡眠时间和情况，及时处理异常情况。

二、睡眠状况观察及记录

睡眠障碍是指睡眠量和质的异常，或在睡眠时出现某些临床症状。睡眠障碍会导致大脑功能紊乱，对身体造成多种危害，严重影响身心健康。老年人较易出现睡眠障碍问题，其精神状态和生活质量受到影响，常出现头晕、头痛、心慌、烦躁等现象，还可能导致反应迟钝、记忆力减退、免疫力下降，甚至诱发多种疾病，如心血管疾病、糖尿病等。照护者应细心观察和记录老年人的睡眠状况，分析引起老年人睡眠障碍的原因，制定改善措施，改善老年人的睡眠质量。对于睡眠障碍较为严重的老年人，照护者应联系医护人员，给予专业的医疗干预措施。

（一）影响老年人睡眠的因素

1. 睡眠习惯　为使老年人生活符合人体生物钟节律，保证白天的正常活动和社交，照护者应协助老年人养成早睡早起及午睡的良好睡眠习惯。若老年人已养成不良的睡眠习惯，照护者可进行解释引导，逐渐使老年人恢复正常的睡眠习惯，不宜强迫老年人立即纠正。

2. 卧房环境　老年人夜尿增多，夜间起床易失去定向和意识混乱。照护者应注意卧房安排，物品尽量靠墙摆放，地面平整，卫生间地面铺防滑垫。对于无法起床的老年人，要锻炼老年人床上解小便，床边备便器。床铺高低和软硬度适中，必要时安置床档，以防坠床。

3. 情绪及性格　情绪对睡眠影响较大。部分老年人思维专一且固执，爱操心子女生活，容易导致紧张焦虑，出现难以入睡，多梦等现象。老年人的性格也能影响睡眠状况，尤其是内向型的老年人，遇事常不擅于寻求外界帮助，容易产生较大压力，导致睡眠质量较差。

4. 药物　老年人因长期服用镇静、催眠药，养成习惯性、依赖性，最终发展成抗药性，使治疗睡眠障碍的药物失效，导致老年人睡眠障碍问题更为严重。

（二）老年人睡眠障碍的常见表现

老年人的睡眠障碍有多种表现形式，可多种形式同时存在。

1. 入睡困难　上床后持续 30 分钟以上不能入睡，或想睡却很清醒，且持续数天或更久。

2. 睡眠中断　睡眠过程中觉醒多次，没有熟睡的感觉。

3. 多梦　经常做梦，一般对梦境有不完整的记忆，或不留记忆。

4. 早醒　天没亮就醒，或入睡后没多久就醒，醒后无法再入睡。

5. 彻夜不眠　虽躺在床上，但意识清醒，感觉一夜迷迷糊糊。

（三）老年人睡眠障碍的观察要点

照护者需通过与老年人沟通和日常观察，了解老年人的一般睡眠状况，如入睡时间、觉醒时间与次数、总睡眠时间和睡眠质量等，分析睡眠障碍的表现形式，如入睡困难、无法维持睡眠、昼夜颠倒现象、睡眠呼吸暂停、夜间阵发性呼吸困难、嗜睡等，评价助眠措施的效果并进行记录和完善。

（四）睡眠障碍的照护措施

1. 全面评估

全面了解老年人睡眠障碍的表现，分析导致睡眠质量下降的原因，查看是否采取助眠措施及其效果。

2. 生活规律

协助老年人养成良好的生活习惯，早睡早起，适量午睡。根据老年人身体状况，适当缩短日间卧床时间，安排老年人进行适当的活动锻炼，鼓励其坚持参加力所能及的日间活动。晚餐清淡，不宜过饱，避免消化系统器官负担过重。

3. 情绪稳定

提醒老年人睡前不饮浓茶、咖啡等兴奋性饮料，避免观看刺激性电影、电视、书籍和报纸等，保持情绪平稳。睡前不宜思考问题，调整情绪，利于睡眠。

4. 环境安排

创造空气新鲜、安静舒适、温湿度适宜，光线暗淡适中的睡眠环境，促进老年人进入睡眠状态。

5. 寝具选择

选择舒适、整洁的棉质被服，床铺高低适宜，床垫软硬适中。睡床应能保持脊柱的正常生理弯曲状态，枕头高度适宜，软硬适中。清洁平整的床单和被褥，可减少和避免对皮肤的刺激，有利于促进睡眠。

（五）实践技能操作

1. 睡眠障碍照护

【目的】

排除影响睡眠的不良因素，提高老年人的睡眠质量。

【评估】

卧房环境清洁、安静、舒适、安全，老年人的意识状态、自理能力、睡眠状况及睡眠障碍的原因等。

【准备】

照护者准备：衣帽整齐、修剪指甲、洗手。

环境准备：清洁、安静、舒适、安全。

老年人准备：协助老年人排尿、排便，洗漱完毕，做好入睡准备。

用物准备：手消毒液，记录单、笔，必要时备毛毯。

【实施步骤】睡眠障碍照护法见表5-27。

表 5-27　睡眠障碍照护法

步　骤	操作内容	要点说明
步骤一	1. 沟通 与能够有效沟通的老年人进行沟通，了解老年人的睡眠习惯和对睡眠环境的要求。向老年人解释实施促进睡眠的方法及配合要点，获得老年人的同意和配合	
步骤二	2. 布置环境 （1）开窗通风30分钟后，关闭门窗，调节温湿度（夏季卧房温度调至26℃～30℃，冬季卧房温度调至18℃～22℃，相对湿度50%～60%）。拉上窗帘，关闭电视及其他声源 （2）总结睡眠障碍的原因，并实施针对性干预措施 （3）协助老年人脱去衣裤就寝，盖好盖被	夜间温度下降，替老年人盖被或增盖毛毯 如遇特殊睡眠障碍的老年人，应及时联系医护人员
步骤三	3. 观察睡眠 定期巡视，观察老年人睡眠状况。观察内容为入睡时间、觉醒时间及次数、总睡眠时间等，有无入睡困难、不能维持睡眠、昼夜颠倒现象、睡眠呼吸暂停、夜间阵发性呼吸困难、嗜睡等	巡视观察期间，照护者应注意走路轻，开关门轻，以免惊醒老年人 对身体状况不佳的老年人，应加强观察、巡视
步骤四	4. 整理 整理用物，洗手，做好夜间巡视和记录，记录老年人一般睡眠情况、异常睡眠情况、助眠措施及效果评价。	及时准确记录，字迹清楚

【注意事项】

1. 全面掌握老年人的睡眠状况及异常睡眠产生的原因。

2. 制定个性化指导方案，减少影响老年人睡眠的不良因素。

3. 定期夜间巡视，重点观察异常睡眠情况，分析成因，进行详细记录。

4. 巡视期间，动作轻缓，避免惊扰老年人。

第六章

居家基础护理

第一节　用药照料

学习目标

1. 了解老年人合理用药的必要性。

2. 了解药物的种类。

3. 熟悉老年人给药的用药时间和方式。

4. 掌握口服药，耳、眼、鼻和皮肤外用药的方法。

5. 掌握老年人服用药物的原则。

6. 掌握常用药物的管理和服用的注意事项。

7. 在各项操作中严格遵守操作规程。

8. 操作态度认真，工作细致。

案例导入

李奶奶，72岁，因血压升高去心内科门诊就诊，回家后遵医嘱口服降压药物硝苯地平缓释片20mg，一日一次。

思考：作为照护者，应如何帮助李奶奶服用此类药物？服用过程中有哪些注意事项？

一、老年人合理用药

药物可以防治疾病和诊断疾病，合理、正确、安全地使用药物是整个治疗过程中不可缺少的重要部分。为了保证老年人用药安全，照护者或家人需了解用药的一般知识，帮助老年人合理用药，避免或减少药物在使用过程产生的不良反应。

（一）老年人合理用药的必要性

老年人机体的各个系统已经发生退行性变化，易患多种疾病，用药机会相对增加，部分老年人长期患高血压、糖尿病、肺部感染等多种慢性疾病，需要同时服用多种药物，增加了药物不良反应的发生概率，多数药物需要经过肝脏和肾脏代谢和排泄，老年人的肝肾功能也明显地衰退，药物代谢缓慢是发生药物不良反应的重要因素，因此老年人合理用药显得更为重要。

（二）药物种类

1. 内服药　包括片剂、丸剂、胶囊、溶液、合剂、散剂、酊剂等。

2. 注射药　包括溶液、油剂、混悬液、结晶、粉剂等。

3. 外用药　包括软膏、溶液、酊剂、粉剂、洗剂、滴剂、栓剂等。

（三）老年人用药时间和方式

老年人给药时应根据药物的作用和副作用发生时间、方式而有所不同，一般可分为饭前和饭后服药，以及口服、静脉和肌内注射等方式（见表6-1）。

表6-1　老年人用药时间和方式

类　别	具体说明
饭前服药和饭后服药	（1）饭前服的药物大多对胃黏膜刺激不大，而且大多是在胃肠道局部或全身发挥作用的药物 （2）饭后服的药大多对胃有刺激，如阿司匹林饭后服可减少刺激，而且可以让药物缓慢吸收
给药方式	老年人若能口服给药，就不必通过静脉和肌内注射方式给药，一般疾病尽量选用口服药品的方法，一是方便简单，二是比较安全，适应性好，老年人的血管壁较脆，容易破裂，并且肌肉对药物的吸收能力较差，当以注射方式给药后疼痛较为显著，且易形成硬结，因此应尽量减少注射给药，输液治疗只是给药的一种方式，有一定的危险性，且费用较高也费时

二、帮助服用口服药

口服给药是最常用、最方便，又较为安全的给药方法。药物经口服用后，被胃肠道吸收进入血液循环，可起到局部作用或全身作用，但口服给药吸收慢，不适于急救，对于意识不清、呕吐不止、禁食等老年人不宜用此法给药。

【目的】

按照医嘱正确为老年人实施口服给药，并观察药物作用，以减轻症状、治疗疾病、维持正常生理功能、协助诊断、预防疾病。

【评估】

1. 了解老年人病情、意识状态及合作程度。

2. 了解老年人对药物及病情的了解。

3. 评估老年人口腔及消化道情况，包含口腔是否手术、能否经口进食等。

4. 老年人服药的自理能力。

【准备】

1. 照护者准备：衣帽整洁、洗手、修剪指甲、戴口罩。

2. 环境准备：居室光线充足，安静、整洁，无异味。

3. 老年人准备：向老年人及家属解释服药的目的、操作过程及配合的相关内容。

4. 用物准备

（1）治疗盘：服药本、小药卡、药盘、药杯、药匙、量杯、滴管、研钵、湿纱布、治疗巾、水壶（内盛放温开水），按需准备纸巾及吸管。

（2）治疗车：洗手液、锐器盒、医疗垃圾桶、生活垃圾桶。

【实施步骤】口服给药法见表6-2。

表6-2　口服给药法

步　骤	操作内容	要点说明
步骤一	1. 仔细检查药物的名称和剂量 2. 先备固体药，然后备水剂与油剂	
步骤二	3. 配药：先配固体药，后配水剂，片剂用药匙取药，一个老年人的药全部配完后再配另一个 （1）固体药配制：一手拿药瓶，瓶签朝向自己，另一手用药匙取出所需药量，放入药杯 （2）配水剂：先将药液摇匀，再用量杯取药。拇指指着量杯上的刻度，视线与量杯刻度在同一水平线，倒药；用湿纱布擦净药瓶口，放药瓶回原处；油剂、按滴计算的药液或药量不足1ml时，于药杯内倒入少许温开水，用滴管吸取药液 （3）配油剂、滴剂：可在药杯中先加入少量温开水，以免药液附着杯壁影响剂量，防止药液剩余药杯内	查看配药的流程和药物配置的效果，有无沉淀、浑浊或变质

续表

步　骤	操作内容	要点说明
步骤三	4. 核对：按照医嘱本或服药说明重新查对一次，鼻饲老年人需要遵医嘱服用口服药时，如是片剂，可咨询医护人员是否可以研碎，经允许后研碎并溶解，再从胃管推注	
步骤四	5. 发药：携用物至老年人床旁。再次核对药名、给药途径、用法、给药时间、药品质量和有效期	
步骤五	6. 协助老年人取舒适体位，倒温开水，确认老年人服下；收回药杯，查对，整理用物，清洁药盘	1. 服药时采用坐位或半卧位，防止发生呛咳或窒息 2. 确认老年人服下后方可离开

【注意事项】

1. 注意严格查对制度，做好"三查七对"工作。

2. 口服药用温开水送服，危重老年人必须喂服。

3. 健胃及增进食欲的药物，宜饭前服，对胃黏膜有刺激的药物宜饭后服，催眠药应在睡前服，驱虫药宜在空腹时服用。

4. 对呼吸道黏膜起安抚作用的止咳糖浆服后不宜立即饮水。

5. 对牙齿有腐蚀作用或染色的药物，如酸剂、铁剂，可用吸水管吸服，以免药物与牙齿接触，服药后及时漱口。

6. 服用磺胺类药物后宜多饮水，以免尿液不足使磺胺结晶析出堵塞肾小管。

7. 有相互作用的药物不宜同时或短时间内服用。

8. 服用强心苷类药物前应先测脉率及心率，心率小于60次/分钟时应告知医护人员。

9. 在老年人服药期间应严格观察老年人的病情变化，如发生异常情况需及时处理。

10. 操作过程中应做好沟通解释工作，缓解老年人焦虑的情绪和对药物、病情的不理解。

三、帮助使用耳、眼、鼻、皮肤外用药

（一）耳内用药

耳内用药是将药物直接滴入耳内用于治疗局部疾患，如中耳炎、外耳道炎症等。

【目的】

清洁、消炎。

【评估】

1. 了解老年人的病情、心理状态及合作程度。

2. 了解耳部疾患及用药目的。

3. 环境是否清洁，光线是否充足。

【准备】

1. 照护者准备：衣帽整洁、洗手、修剪指甲、戴口罩。

2. 环境准备：居室光线充足，安静、整洁，无异味。

3. 老年人准备：向老年人及家属解释操作的目的、方法，取得配合。

4. 用物准备：耳药、滴瓶、滴管、棉签、棉球。

【实施步骤】耳内用药法见表6-3。

表6-3 耳内用药法

步 骤	操作内容	要点说明
步骤一	1. 携用物至老年人床旁。核对检查姓名、核对药名、给药途径、用法、给药时间、药品质量和有效期。确认左、右耳道还是双耳道滴药	
步骤二	2. 让老年人侧卧，患侧耳向上。给老年人使用滴耳药前，应先用棉签擦去耳内分泌物，以防药液被分泌物阻隔降低疗效	使用棉签时避免损伤耳膜
步骤三	3. 将老年人耳廓向后上方轻轻牵拉，使外耳道变直	必要时使用手电筒
步骤四	4. 滴管指向鼓室，滴2～3滴药物于外耳道。轻轻压住耳屏，使得药液充分进入中耳，或用消毒棉球塞入外耳道	避免药液流出
步骤五	5. 叮嘱老年人保持原姿势1～2分钟，让药物充分发挥作用	

【注意事项】

1. 为使药液能持续湿润鼓室，可疏松地塞入棉花，但不可填塞过紧。

2. 冬天用药前宜先把药品用温水加热，或放在手中或衣袋内温暖片刻，以免药液刺激鼓膜，引起恶心、呕吐、头晕等反应。

（二）眼部用药

眼部用药是将药物直接用于结膜囊内，用于治疗眼部疾患，如结膜炎、沙眼等，眼部用药有涂眼膏和滴眼药水两种方法。

【目的】

预防、治疗眼部疾患。

【评估】

1. 了解老年人的病情、目前治疗用药、心理状态及合作程度。

2. 眼部有无红肿、分泌物。

3. 环境是否清洁，光线是否充足。

【准备】

1. 照护者准备：衣帽整洁、洗手、修剪指甲、戴口罩。

2. 环境准备：居室光线充足，安静、整洁，无异味。

3. 老年人准备：向老年人及家属解释操作的目的、方法，取得配合。

4. 用物准备：眼药、棉签。

【实施步骤】

1. 眼膏给药法见表6-4。

表6-4　眼膏给药法

步　骤	操作内容	要点说明
步骤一	1. 携用物至老年人床旁。核对检查姓名、核对药名、给药途径、用法、给药时间、药品质量和有效期。确认左、右眼还是双眼滴药 2. 让老年人取坐位或仰卧位，头略后仰，眼向上看	头稍后仰并向患侧倾斜
步骤二	3. 用棉签擦去眼内分泌物 4. 照护者手持眼药膏软管将药膏直接挤入下穹窿结膜囊内 5. 用手指轻轻将上眼睑提起，使眼药均匀扩散于眼球表面	注意适量，量多糊住睫毛，量少药效不够
步骤三	6. 涂完后用棉签或棉球轻轻擦去外溢的眼膏，叮嘱老年人闭眼数分钟即可 7. 协助取舒适体位，整理用物	使用棉签时勿伤及眼球

2. 滴眼药水的操作步骤见表 6-5。

表 6-5　眼药水给药法

步　骤	操作内容	要点说明
步骤一	1. 携用物至老年人床旁。核对检查姓名、核对药名、给药途径、用法、给药时间、药品质量和有效期。确认左、右眼还是双眼滴药	
步骤二	2. 用棉签擦去眼内分泌物 3. 叮嘱老年人头稍后仰，眼向上看，左手将下眼睑向下方牵拉，右手持滴管或眼药瓶，将药液 1～2 滴滴入结膜囊内	
步骤三	4. 轻提上眼睑，叮嘱老年人轻闭眼 2～3 分钟	使结膜囊内充盈药液
步骤四	5. 用棉签或毛巾擦干流出的药液	

【注意事项】

1. 眼药膏一般在午睡或晚上睡觉前涂，起床后可擦拭干净。

2. 如眼部有分泌物，应用棉签或消毒过的手帕，将分泌物擦去后再滴眼药水。

3. 双眼滴药时先滴健眼，再滴患眼。

4. 眼药水不能直接滴在角膜面。

5. 滴药时滴管或眼药瓶距眼睑 1～2cm，不要使其触及眼睫毛，以防感染。

6. 混悬液用前需摇匀。

7. 多种眼药水不可同时滴入，须间隔开时间用药。

8. 滴眼药水后，压迫内侧眼角泪囊区 2～3 分钟，以免药液经泪囊流入鼻腔引起不适反应。

9. 眼药水（膏）不能和其他眼药水（膏）存放在一起，以免拿错，误点入眼。

（三）鼻腔用药

鼻腔用药时，将药物直接作用于鼻粘膜，用于治疗鼻炎、鼻塞等。

【目的】

清洁、消炎、止血。

【评估】

1. 了解老年人的病情、心理状态及合作程度。

2.查看鼻中隔有无偏曲、有无分泌物及其形状。

3.环境是否清洁，光线是否充足。

【准备】

1.照护者准备：衣帽整洁、洗手、戴口罩。

2.环境准备：居室光线充足，安静、整洁，无异味。

3.老年人准备：向老年人及家属解释操作的目的、方法，取得配合。

4.用物准备：滴鼻药、棉球、棉签。

【实施步骤】鼻腔给药法见表6-6。

表6-6 鼻腔给药法

步　骤	操作内容	要点说明
步骤一	1.携用物至老年人床旁。核对检查姓名、核对药名、给药途径、用法、给药时间、药品质量和有效期。确认左、右鼻还是双鼻滴药 2.叮嘱老年人擤鼻，解开领口，取仰卧位，头向后仰，肩下垫软枕，或将头伸出床沿下垂（有高血压的老年人只能取肩下垫枕位），使颈部充分伸展	擤鼻用力适度，防止鼻出血
步骤二	3.照护者洗净双手后，左手轻推老年人鼻尖，以充分暴露鼻腔，右手持滴鼻药，药瓶距老年人鼻孔约2cm，轻滴药液3～5滴	
步骤三	4.轻捏鼻翼，使药液均匀分布于鼻腔黏膜上	
步骤四	5.叮嘱老年人保持原卧位约5分钟后，方能坐起或行走	必要时予以漱口

【注意事项】

1.不可用油剂滴鼻，以免吸入肺内，刺激呼吸道。

2.血管收缩剂如麻黄素不能连续使用3天以上，否则会出现反跳性充血，使黏膜充血加剧。

（四）皮肤给药

皮肤给药是一种局部给药方法，将药物直接在皮肤和其他部位涂药或滴药后再外敷，从而达到治疗目的。常用药剂为洗剂、乳剂、粉剂、糊剂和软膏，一般慢性炎症用软膏，有轻微渗出液用糊剂，大量渗出液用粉剂、乳剂，急性期用水剂或乳剂、粉剂，具体选用何种剂型应根据医嘱。

【目的】

清洁、消炎、止痒。

【评估】

1. 了解老年人的病情、心理状态及合作程度。

2. 查看皮肤有无溃烂、创面及渗液、流脓情况。

3. 环境是否清洁、温暖，光线是否充足。

【准备】

1. 照护者准备：衣帽整洁、洗手、戴口罩。

2. 环境准备：居室光线充足，安静、整洁，无异味。

2. 老年人准备：向老年人及家属解释操作的目的、方法，取得配合。

3. 用物准备：外用药、棉球、棉签。

【实施步骤】皮肤给药法见表6–7。

表6–7　皮肤给药法

步　骤	操作内容	要点说明
步骤一	1. 准备好涂抹用具，如乳剂、洗剂，糊剂选用毛刷或棉签；软膏、油膏选用压舌板或小木片，不可用手直接涂抹	
步骤二	2. 照护者洗净双手	
步骤三	3. 给药前，将老年人患处皮肤擦洗干净	擦洗力度适宜，防止破损
步骤四	4. 涂擦时经中心开始向外以环形方式涂抹，边涂抹药物边按摩，以促进皮肤对药物的吸收	

【注意事项】

1. 皮肤给药除注意观察药物对局部的刺激反应，如局部皮肤红肿、疼痛、瘙痒外，还要关注某些药物被吸收后引起的全身反应。

2. 皮肤给药时为保持对局部的持续作用和避免被衣服、被褥拭去，可适当包敷，所用器具、敷料均应消毒。

3. 使用洗剂要充分摇匀。

4. 涂敷油膏时不易太厚。

5. 用药浸泡时要注意药液温度，防止烫伤。

四、常用药的管理及注意事项

（一）老年人服用药物原则

老年人的个体差异大，很难制定统一的用药标准，因此用药应当注意以下原则：

（1）个体化原则：由于老年人衰老的程度、患病史和药物治疗史不同，治疗的原则也有所差异，应当根据每位老年人的具体情况量身定制适合的药物、剂量和给药途径。如激素类药物可的松，必须在肝脏代谢为氢化可的松才能发挥疗效，所以患有肝脏疾病的老年人不宜使用可的松，而应当直接使用氢化可的松。

（2）优先治疗原则：老年人常患有多种慢性疾病，为避免同时使用多种药物，当突发急症时应当确定优先治疗的原则，例如患有感冒发热或急性胃肠炎时，应优先治疗这些急症；又如突发心脑血管急症时，暂停慢性胃炎或前列腺肥大的治疗。

（3）用药简单原则：老年人用药要少而精，尽量减少用药的种类，一般应控制在4种以内，减少药物或合并使用类型、作用、不良反应相似的药物，适合选用长效制剂，以减少用药次数。

（4）用药减量原则：由于药物在老年人体内过程的改变，使老年人对药物的敏感性增加、耐受力降低、安全范围缩小，所以除使用抗生素外，用药剂量一般要减少，特别是解热镇痛药、镇静催眠药、麻醉药等。60～80岁的老年人用药剂量为成年人的3/4～4/5，80岁以上的老年人应为成年人的1/2，部分特殊药品例如强心苷类药品，仅为成年人的1/4～1/2。

（5）按时服药原则：药物的疗效取决于血液中的有效浓度，所以正确掌握服药的时间很重要。可是老年人常常忘记服药，或重复服药，对疾病的恢复及身体产生不利的影响，所以，应将每天服用的药物列出清单，然后按早、中、晚分别装入袋中，再按时服药。

（6）及时停药或减量原则：有些老年人停药很难，因为他担心停药后病情加重，但是用药时间过长，超过疗程或剂量过大，也容易发生不良反应或药源性疾病。因此，当病情好转或治愈，或用药已经达到规定疗程应遵医嘱及时减量或停药。

（7）饮食调节原则：多数老年人体内蛋白质比例降低，加之疾病、消瘦、贫血等原因均会影响药物的疗效，应当重视食物的选择与搭配。

（二）**常用药物保管的注意事项**

1. 注意药物失效期，药物生产出来后都有一定的有效期限，在包装上一般都注明出处，药物过期后会发生变质，如果继续服用就不会达到治病目的，很可能加重病情或出现其他不良反应，因此无论是买药或是在医院开药一次不要量过多，对家中的药品要定期检查，对过期的药品要及时丢弃。

2. 自备药品最好用原包装，这样可以阅读其附带的说明书，以掌握正确的服药方法和药量，而且在备存多种药物时还便于识别，如果没有原包装，可以找几个小瓶子洗刷晾干后装入药物，再用纸写上药名用量方法等贴在瓶外利于识别和用药。

3. 所有药品应放在干燥阴凉通风的地方。粉剂、片剂应装入瓶中密封以防止潮解、霉变。维生素 C、维生素 B、维生素 K 等片剂还应放在避光处保存。某些药物，如胰岛素针剂、维生素 D 针剂、胎盘球蛋白针等应放于冰箱中保管。

4. 中草药应定期晾晒，防止虫蛀、鼠咬，发霉。

5. 发现药品变色、生霉、粘连，以及液体药物出现浑浊、絮状物，各种软膏有结晶或油层析出时，这是变质的表现，即使没有过期，也不能继续使用。

（三）**常用药物服用的注意事项**

1. 服药前洗净双手，准备好温开水，将药物放入口内，然后含水送下，注意不要干吞药片药丸，因为药物的有效成分必须溶解在水中，才能被肠壁吸收入血液，循环全身而发挥疗效，如果干吞药片，则不易被吸收。

2. 不能用其他饮料代替开水服药，如茶水、汽水、果汁、啤酒、可口可乐等，因上述饮料的理化性质对药的有效成分有破坏干扰作用。

3. 一般应站立位服药，卧床老年人不能站立时，也应将上身直立便于吞咽药物，如果卧位服药，则药物在食道内滞留时间较长，甚至可达 1～3 分钟，不仅碍于迅速发挥药效，而且某些刺激性的药物还会对食道造成损伤。

4. 胶囊类药物不可掰开吞下，以免药物刺激胃黏膜。

5. 服用酸剂、铁剂时，因其对牙齿有腐蚀作用，可直接送入舌后部或用吸管吸服。

6. 喉片含片需在口内含化，不要直接咽下，硝酸甘油片应在舌下含服。

7. 氢氧化铝应嚼碎后咽下，以便在胃中形成一层保护膜，保护胃壁溃疡不受胃内容物的刺激。

8. 服用磺胺类药物要多饮水，以防尿中出现结晶乃至结石形成。

9. 服用水剂应尽量少用水送，以免冲淡药液浓度，降低疗效；服用发汗药物，要多饮开水以增加疗效。

10. 遵守用药时间，按时服药。

11. 遵守医嘱，注意配伍禁忌。

12. 长期用药还要警惕药源性营养不良症。

第二节　冷热应用

学习目标

1. 了解冷热疗法的概念。

2. 熟悉冷热疗法临床应用。

3. 掌握热水袋、湿热敷、温水擦浴、测量体温等方法及注意事项。

4. 在各项操作中严格遵守操作规程。

5. 操作态度认真，工作细致。

案例导入

王爷爷，68岁，因不慎落水而出现寒战，面色苍白。为让其感觉舒适，需使用热水袋进行保暖。

思考：请问如何帮助该老年人使用热水袋？使用过程中有哪些注意事项？

冷热疗法是临床上常用的物理治疗方法，冷热疗法可产生相对的生理效应，并受诸多因素的影响。照护者应了解冷热疗法的生理效应，掌握正确的使用方法，防止不良反应发生，以确保老年人的安全，达到治疗目的。

一、概　述

（一）冷热疗法的定义

冷热疗法是利用低于或高于人体温度的物质作用于人体表面，通过神经传导引起皮肤和内脏器官血管的收缩和舒张，改变机体各系统体液循环和新陈代谢，达到治疗目的。

人体皮肤分布着多种感受器，能产生各种感觉，包括冷觉、温觉、痛觉等。冷觉感受器位于真皮上层，温觉感受器位于真皮下层。冷觉感受器比较集中于躯干上部和四肢，数量较温觉感受器多 4～10 倍。所以对刺激的反应，冷比热敏感。当温觉、冷觉感受器受到强烈刺激时，痛觉感受器也会兴奋，使机体产生疼痛感。

当皮肤感受器受温度或疼痛刺激后，神经末梢发出冲动，经传入神经纤维传到大脑皮质感觉中枢，感觉中枢对冲动进行识别，再通过传出神经纤维发出指令，机体产生运动，所需时间仅百分之一秒。当刺激强烈时，神经冲动可不经过大脑，只通过脊髓反射使整个反射过程更迅速，以免机体受损。

（二）冷热疗法的效应

1. 生理效应　冷热应用可使机体产生一系列生理反应，且用冷产生的效应与用热产生的效应相对。

2. 继发效应　用冷或用热超过一定时间，将产生与生理效应相反的作用，这种现象称为继发效应。如热疗可使血管扩张，但持续用热 1 小时后产生局部小动脉收缩；同样持续用冷 30 分钟到 1 小时后，局部小动脉也出现扩张。继发反应是机体避免长时间用冷或用热对组织的损伤而引起的防御反应。因此，冷、热治疗应有适当的时间，以 20～30 分钟为宜，如需反复使用，中间必须给予 1 小时的休息时间，让组织有一个复原过程，防止产生继发效应而抵消应有的生理效应。

（三）影响冷热疗法的因素

1. 方式　冷、热应用方式不同，效果也不同，水是良好导体，其传导能力及渗透力比空气强，因此湿冷、热的效果优于干冷、热，在临床应用中应根据病变部位和治疗要求进行选择，同时注意防止烫伤。使用湿热法时，水温须比干热法低；使用湿冷法时，水温应比干冷法高。

2. 面积 冷热疗法的效果与面积大小有关。应用面积大，则冷热疗法效果就较强；反之，则较弱。但要注意使用面积越大，老年人的耐受性越差，且会引起全身反应。

3. 时间 冷、热应用有一定的时间要求，在一定时间内其效应是随着时间的增加而增强，以达到最大的治疗效果。但如果时间过长，则会产生继发效应而抵消治疗效应，甚至还可引起不良反应，如疼痛、皮肤苍白、冻伤、烫伤等。同时，冷热使用时间越长，机体对冷热的耐受性也就增强，敏感性则降低。

4. 温度 冷、热应用时的温度与体表的温度相差越大，机体对冷热刺激的反应越强；反之，则越小。其次，环境温度也可影响冷热效应，如室温过低，则散热快，热效应降低。

5. 部位 身体各部位皮肤有厚薄之分，皮肤较厚的区域，如脚底、手心，对冷热的耐受性大，冷热疗法效果也较差；而躯体的皮肤较薄，对冷热的敏感性强，冷热疗法效果也较好。血液循环情况也能影响冷热疗法的效果，血液循环良好的部位，可增强冷热应用的效果。临床上为高热老年人物理降温，将冰袋、冰囊放置在颈部、腋下、腹股沟等体表大血管流经处，以增加散热。此外，不同深度的皮肤对冷热反应也不同，皮肤浅层、冷觉感受器较温觉感受器浅表且数量也多，故浅层皮肤对冷较敏感。

6. 个体差异 年龄、性别、身体状况、居住习惯、肤色等差别影响冷热治疗的效应，老年人由于体温调节功能减退，对冷热刺激反应的敏感性降低，对冷热刺激女性较男性敏感。对于昏迷、血液循环障碍、血管硬化、感觉迟钝等老年人，因其对冷热的敏感性降低，尤要注意防止烫伤与冻伤。长期居住在热带地区者对热的耐受性较强，而长期居住在寒冷地区者对冷的耐受性较强。浅肤色比深肤色对冷、热的反应更强烈。

（四）冷热疗法的目的

1. 冷疗的目的

（1）止血：减轻局部充血或出血。用于局部软组织损伤初期、鼻出血（鼻衄）、扁桃体摘除术后。

（2）止痛：降低神经末梢的敏感性，减少渗出，减轻局部组织的张力，减轻疼痛。常用于急性关节扭伤早期、牙痛、烫伤等。

（3）控制炎症扩散：用于炎症的早期（48小时以内），使局部血流减少，降低细菌的活力。

（4）降温：降低体温，常用于高热或中暑的老年人。

2．热疗的目的

（1）促进炎症的消散和局限：热疗可使局部血管扩张，血流速度加快，利于组织中毒素的排出；同时促进血液循环，增加血流量，加快新陈代谢，增强白细胞的吞噬功能。在炎症早期用热可促进炎性渗出物的吸收和消散；在炎症后期用热，可使白细胞释放蛋白溶解酶，溶解坏死组织，从而有助于坏死组织的清除及组织修复，使炎症局限。

（2）缓解疼痛：热疗能降低痛觉神经的兴奋性，改善血液循环，减轻炎性水肿，加速致痛物质的排出及渗出物的吸收，从而解除局部神经末梢的压力。

（3）减轻深部组织充血：热疗可使局部血管扩张，体表血流增加，因而相对减轻深部组织的充血。

（4）保暖：热疗可使局部血管扩张，促进血液循环，使老年人感到温暖舒适。多用于危重、年老体弱及末梢循环不良老年人的保暖。

二、热水袋的应用

（一）实践技能操作

【目的】

用于保暖、解除痉挛、镇痛、舒适。

【评估】

老年人病情、体温、意识、局部皮肤情况、活动及配合程度。

【准备】

照护者准备：着装整洁，修剪指甲，洗手，戴口罩。

环境准备：整洁、安静、安全、舒适，室温适宜，关闭门窗，避免对流风。

老年人准备：

1.老年人理解使用热水袋意义并愿意接受。

2.老年人体位舒适，能主动合作。

用物准备：

1. 治疗盘内：热水袋及布套、毛巾、水温计。

2. 治疗盘外：热水（水温 50℃）、水罐。

【实施步骤】热水袋使用法见表6-8。

表6-8 热水袋使用法

步 骤	操作内容	要点说明
步骤一	1. 准备热水袋： （1）备热水：测水温，调至50℃，检查热水袋是否完整无破损 （2）装袋：热水袋放平去塞，将调好的热水灌入袋内，边灌水边提高热水袋至1/2～2/3满 （3）驱气：再缓慢放平热水袋并驱尽气体，旋紧热水袋口，用毛巾擦干热水袋 （4）检查：倒置、检查无漏水，装入布套内	1. 注意老年人使用热水袋时的温度的区别 2. 装袋时正确的操作手法，检查是否漏水 3. 炎症部位热敷，灌水1/3满，以免压力过大，引起疼痛 4. 空气要排尽，以防影响热的传导
步骤二	2. 核对解释：携用物至床旁，核对姓名，向老年人及家属解释操作的目的、过程和需要配合的要求	
步骤三	3. 放置热水袋：放置在所需部位，将袋口朝向身体外侧，询问老年人感觉	1. 袋口朝外 2. 避免热水袋与老年人皮肤接触 3. 特殊老年人使用热水袋，应再包一块大毛巾或放于两层毯子之间，以防烫伤
	4. 观察局部皮肤及老年人反应。每15分钟巡视老年人一次，询问老年人的感受，悬挂热水袋使用标志	出现皮肤潮红、疼痛，停止使用，并在局部涂凡士林以保护皮肤
步骤四	5. 核对：操作后再次核对	掌握照护者核对的具体内容
	6. 整理：30分钟后取下热水袋，协助舒适卧位，整理床单位。倒空热水袋、晾干、吹入少量空气旋紧备用，布袋送洗	
	7. 记录：记录时间、水温、效果及反应	

三、湿热敷的应用

湿热敷法是将某些吸水性较强的物质，如毛巾、折叠较厚的纱布等，浸透热水或热药液，然后敷于患部，使热与药渗入人体。

（一）湿热敷的禁忌证

1.未明确诊断的急性腹痛　热疗虽能减轻疼痛，但易掩盖病情真相，贻误诊断和治疗，有引发腹膜炎的危险。

2.面部危险三角区的感染　因该处血管丰富，面部静脉无静脉瓣，且与颅内海绵窦相通，热疗可使血管扩张，血流增多，导致细菌和毒素进入血循环，促进炎症扩散，造成严重的颅内感染和败血症。

3.各种脏器出血　热疗可使局部血管扩张，增加脏器的血流量和血管通透性而加重出血。

4.软组织损伤或扭伤的初期（48小时内）　热疗可促进血液循环，加重皮下出血、肿胀、疼痛。

5.其他

（1）心、肝、肾功能不全者：大面积热疗使皮肤血管扩张，减少对内脏器官的血液供应，加重病情。

（2）皮肤湿疹：热疗可加重皮肤受损，使老年人增加痒感而不适。

（3）急性炎症反应：如牙龈炎、中耳炎、结膜炎，热疗可使局部温度升高，有利细菌繁殖及分泌物增多，加重病情。

（4）金属移植部位：金属是热的良好导体，用热易造成烫伤。

（5）恶性病变部位：热疗可使正常与异常细胞加速新陈代谢而加重病情，且又促进血液循环而使肿瘤扩散、转移。

（6）麻痹、感觉异常者慎用。

（二）实践技能操作

【目的】

用于缓解痉挛、消炎、止痛。

【评估】

评估老年人的病情、治疗情况及活动能力和合作程度，有无影响热疗的因素存在。

【准备】

照护者准备：着装整洁，修剪指甲，洗手，戴口罩。

环境准备：整洁、安静，温度适宜，酌情关门窗，必要时用床帘或屏风遮挡。

老年人准备：老年人理解湿热敷意义并愿意接受；老年人体位舒适，无便意感并能主动合作。

用物准备：水盆（内盛50℃～60℃热水）、水温计、热水瓶、电炉；治疗盘内放：弯盘、纱布、敷布两块、长钳2把、凡士林、棉签、小橡胶单、棉垫、塑料纸、治疗巾、毛巾；必要时备大毛巾、热水袋及套、屏风，有伤口者需备换药用物。

【实施步骤】湿热敷法见表6-9。

表6-9　湿热敷法

步　骤	操作内容	要点说明
步骤一	1. 核对解释: 携车至老年人床旁, 核对老年人并解释 2. 体位准备: 协助老年人采取舒适卧位, 暴露治疗部位, 必要时床帘或屏风遮挡	保护老年人隐私
步骤二	3. 局部湿热敷 　（1）在治疗部位下垫橡胶单及治疗巾，将凡士林涂于患处（范围略大于患处），并在其上盖一层纱布 　（2）将敷布浸入热水中，双手各持一把钳子，将浸在热水中的敷布拧至不滴水 　（3）抖开敷布，照护者用手腕掌侧皮肤试温后，敷于患处，敷布上可加盖毛巾 　（4）每3～5分钟更换一次敷布，及时更换盆内热水，治疗时间以15～20分钟为宜	1. 要用手腕掌侧（内侧）皮肤试温 2. 维持水温，若老年人感觉过热，可掀起敷布一角 3. 可用热源或及时更换盆内热水维持水温，也可用热水袋放置在敷布上再盖以大毛巾，以维持温度
步骤三	4. 严密观察: 严密观察皮肤颜色，全身状况，倾听老年人主诉	1. 观察皮肤颜色，全身情况，以防烫伤 2. 面部热敷后30分钟方可外出，以防感冒
步骤四	5. 核对: 操作后再次核对 6. 整理 　（1）协助老年人取舒适体位 　（2）整理用物和床单位	
步骤五	7. 记录: 洗手、记录部位、时间、反应、效果	

【注意事项】

1. 昏迷、意识障碍、感觉功能障碍者不宜使用。

2. 高热、恶性肿瘤、出血倾向、皮肤过敏者不宜使用。

3. 操作之前应掌握禁忌证，防止造成局部损伤。

4. 如果没有严格执行无菌技术，可能会造成局部皮肤感染等。

5. 如果未及时遮挡而导致隐私部位暴露，会造成老年人焦虑等心理伤害，因此湿热敷前要给予适当的遮挡。

6. 湿热的温度一般在 50℃。

7. 操作全过程遵循节力、安全的原则。

四、温水擦浴

案例导入

　　王奶奶，70 岁，有高血压病史 10 年。近日，因受凉出现发热、咳嗽、咳痰 3 天，医院就诊诊断为上呼吸道感染，医嘱予以头孢克肟分散片 0.2gBid，清热灵冲剂 1 包 Tid 口服，今日在家测其体温达 39.5℃，老年人主诉头痛，全身无力，为降低其体温，照护者计划为其温水擦浴 1 次。

　　思考 :1. 照护者如何能够正确使用温水擦浴法为老年人降温?

　　　　　2. 温水擦浴过程中有哪些注意事项?

温水擦浴实践技能操作

【目的】

为高热老年人降温。

【评估】

老年人的病情、年龄、体温、意识、生活能力及皮肤完整性，选择适当时间进行温水擦浴。

【准备】

照护者准备：衣帽整齐、清洁、修剪指甲、洗手。

环境准备：环境整洁、温度适宜、光线充足，安静、整洁，无异味，根据需要遮挡老年人。

老年人准备:向老年人及家属解释温水擦浴的目的、方法、注意事项及配合要点，排空大小便，体位舒适，主动配合。

用物准备:32℃～ 34℃温水、大毛巾、小毛巾、热水袋及套, 冰袋及套、脸盆、屏风、手消毒液、温度计、干净的全棉衣裤和内衣, 酌情备大单、被套、便盆及便盆巾等。

【实施步骤】温水擦浴法见表 6-10。

表 6-10　温水擦浴法

步　骤	操作内容	要点说明
步骤一	1. 擦浴前应准备好擦浴用品、干净的衣裤和被褥等	
	2. 核对解释：携用物至老年人床旁，核对老年人并解释	
	3. 冰袋置于头部，热水袋置于足底	头部置冰袋以帮助降温并防止头部充血头痛，热水袋置于足底以促进足底血管扩张而减轻头部充血
步骤二	4. 老年人取仰卧位，先脱去衣裤，大毛巾垫在被擦拭部位下方，小毛巾浸没温水后拧至半干，缠在手上，以离心方向擦浴，然后用大毛巾擦干皮肤	擦拭面部和颈部注意擦拭的方法、力度和部位，防止发生不良反应
步骤三	5. 双上肢： ①颈部外侧—肩—肩部上臂外侧—前臂外侧—手背 ②侧胸—腋窝—上臂内侧—前臂内侧—手心 腰背部：老年人取侧卧位，颈下—肩部—臀部 双下肢：老年人取仰卧位 ①外侧：髂骨—下肢外侧—足背 ②内侧：腹股沟—下肢内侧—内踝 ③后侧：臀下—大腿后侧—腘窝—足跟	1. 擦至腋窝、肘窝、手心处稍微用力并延长停留时间，以促进散热 2. 擦至腹股沟、腘窝处稍微用力并延长停留时间，以促进散热 3. 每侧擦拭 3 分钟，全过程不超过 20 分钟
步骤四	6. 观察老年人有无出现寒战、面色苍白、脉搏呼吸异常情况	
步骤五	7. 擦浴完毕，取下热水袋，根据需要更换干净衣裤，协助老年人取舒适体位 8. 擦浴后 30 分钟测量体温，如体温在 39℃以下，撤去冰袋	注意温水擦浴禁忌部位：颈部、胸前区、腹部、阴囊、足底
步骤六	9. 整理床单位，开窗，拉开屏风等	
步骤七	10. 为老年人补充水分，判断其有无异常症状	

【注意事项】

1. 温水擦浴水温控制 32℃～ 34℃。

2. 擦浴时注意保护老年人隐私并注意保暖。

3. 擦浴过程中，应随时观察老年人情况，如出现寒战、面色苍白、脉搏及呼吸异常时，应立即停止，及时处理并通知医护人员。

4.擦浴前，头部置冰袋以助降温，并防止头部充血而致头痛；热水袋置足底，以促进足底血管扩张而减轻头部充血，并使老年人感到舒适。

5.擦浴结束要撤去热水袋，待体温降至 39℃ 下时再撤去冰袋。

6.温水擦浴禁忌部位：颈部、胸前区、腹部、阴囊、足底。

7.擦浴后为老年人穿、盖整齐，观察反应，检查和固定各种导管，保持通畅。必要时涂擦护肤霜，避免老年人皮肤干燥。

8.擦浴时，以拍拭（轻拍）方式进行，避免用摩擦方式，因摩擦易生热。

9.擦浴的全过程不宜超过 20 分钟，以防止继发效应。注意老年人的耐受性，擦浴后应注意观察老年人的皮肤表面有无发红、苍白、出血点、感觉异常。

10.擦浴时，在腋窝、腹股沟、腘窝等血管丰富处，稍用力并延长停留时间，以促进散热。

11.禁忌拍拭后颈部、胸前区、腹部和足心部位，以免引起不良反应。

12.血液病老年人及乙醇过敏者禁用乙醇擦浴。

五、测量体温

体温是指人体内部的温度。在正常情况下，人的体温通过大脑和丘脑下部的体温调节中枢的调节和神经体液的作用，使产热和散热保持动态平衡，当体温调节中枢受到致热源的侵害、内分泌功能紊乱等因素的影响时，体温均可发生变化。

（一）正常体温

人体正常温度口腔舌下温度为 36.3℃～37.2℃，直肠温度为 36.5℃～37.7℃，腋下温度为 36℃～37℃。

（二）生理性变化

体温可随年龄、昼夜、性别和情绪等因素变化而出现生理性波动，但此波动常在正常范围内。

1.年龄：老年人因代谢率低，体温在正常范围的低值。

2.性别：女性较男性高，在经前期和妊娠早期可轻度升高。

3.昼夜：清晨 2～6 时最低，下午 2～8 时最高，但波动范围不超过平均数上下 0.5℃。

4.其他：精神紧张、情绪激动、进食、沐浴等可出现一过性的体温升高，安静睡眠、服镇静剂后、饥饿等体温可下降。

（三）异常体温

1.发热　由于致热源作用于体温调节中枢或体温中枢功能障碍等原因，导致体温超出正常范围称发热。按病因分为感染性和非感染性两大类，以前者为多见；按发热程度可分为低热、中等度热、高热和超高热，其热型有稽留热、弛张热、间歇热、不规则热等。

发热的过程和症状：

（1）体温上升期：其特点为产热大于散热。表现为畏寒，皮肤苍白无汗、皮肤温度下降，有的老年人可出现寒战，继之体温开始上升，体温上升的方式有渐升和骤升两种，于数小时内升高至高峰为骤升，多见于肺炎球菌肺炎；数小时内逐渐上升为渐升，可见于伤寒等。

（2）高热持续期：其特点为产热和散热在较高的水平上趋于平衡，体温维持在较高状态，表现为颜面潮红、皮肤灼热、口唇干燥、呼吸和脉搏加快、尿量减少。此期可持续数小时、数天或数周。

（3）退热期：其特点为散热增加而产热趋于正常，体温恢复至正常水平。

2.体温过低　指体温在35℃以下，可见于全身衰竭的老年人表现为躁动、嗜睡、昏迷、心率和呼吸频率减慢、血压下降、四肢冰冷等症状。

（四）实践技能操作

【目的】

判断体温是否异常；动态监测体温变化，分析热型及伴随症状；协助诊断，为预防、治疗、康复和护理提供依据。

【评估】

评估老年人的年龄、病情、意识状态、合作程度，测量部位的皮肤状况、用药情况等，有无运动、冷热食物进食等情况。

【准备】

照护者准备：衣帽整齐、清洁、修剪指甲、洗手。

环境准备：环境整洁、温度适宜。

老年人准备：测温前半小时无运动，无饮用冷、热饮料等，意识清楚，知晓测温的意义和方法。

用物准备：已经消毒的体温计、弯盘、有秒针的表、记录本、笔、润滑油（测肛温）、棉签（测肛温）。

【实施步骤】体温测量法见表6-11。

表6-11　体温测量法

分　类	步　骤	操作内容	要点说明
测口温	步骤一	1. 解释操作的目的、过程和需要配合的要求	重点了解老年人的意识和配合程度，防止咬碎口温计
	步骤二	2. 将口表水银端斜放于舌下热窝（舌系带两侧）	确保测温前口温计指数在35℃以下
	步骤三	3. 让老年人闭口用鼻呼吸，勿咬体温计，测量3分钟	
		4. 取出，擦净，看读数	应正确读取读数
	步骤四	5. 记录：记录读数并绘制于体温单上	
测腋温	步骤一	1. 核对解释：携用物至床旁，核对姓名，向老年人及家属解释操作的目的、过程和需要配合的要求	重点了解老年人的意识和配合程度，有无运动或冷、热食物进食
	步骤二	2. 擦干腋窝汗液，体温计水银端放在腋窝处紧贴皮肤，屈臂过胸，即手臂搭于肩上，肘部紧贴胸前，夹紧体温计，测量10分钟	测量过程中夹紧体温计，防止与皮肤无法紧密贴合而导致测温不准
	步骤三	3. 取出读取读数并记录于体温单上	
测肛温	步骤一	1. 核对解释：携用物至床旁，核对姓名，向老年人及家属解释操作的目的、过程和需要配合的要求	重点了解老年人的意识和配合程度，做好心理护理，防止老年人紧张、羞涩
		2. 协助老年人侧卧或仰卧，适当遮挡，露出肛门	
	步骤二	3. 戴一次性手套，润滑体温计水银端	测温过程中尽量保持体位不动，以防温度计体内折断
		4. 插入体温计：分开臀部暴露肛门	
		5. 测量：手持体温计，测量时间为3分钟	

续表

分 类	步 骤	操作内容	要点说明
测肛温	步骤三	6.取出体温计，擦净，读取读数	
		7.操作后用卫生纸擦净老年人肛门	
		8.协助老年人取舒适卧位，整理衣物及床铺，用物消毒处理	
	步骤四	9.洗手，将体温计读数记录并绘制于体温单上	

【注意事项】

1. 测体温前应检查测温计有无破损，水银柱是否在35℃以下。

2. 精神异常、昏迷、口腔疾患、口鼻腔手术、呼吸困难、不能合作者不可采用口表测温。腋下有创伤、手术、炎症、出汗较多者、肩关节受伤或消瘦夹不紧体温计者禁用腋温计，老年人淋浴后30分钟方可测腋温计；直肠疾病或手术后、腹泻、心梗老年人不宜从直肠测温，热水坐浴、灌肠后须待30分钟后行直肠测温。

3. 进食、吸烟、面颊部冷热敷后应间隔30分钟方可用口表测温。

4. 精神病老年人、躁动老年人测直肠温度时照护者需手持肛表，以防体温计断裂或进入直肠，造成意外。

5. 发现体温与病情不相符时，应查明原因并在老年人床旁监督测量，必要时做肛温和口温对照，予以复查。

6. 老年人如不慎咬碎体温计而吞下水银时，应立即清除口腔内玻璃碎屑，以免损伤唇、舌、口腔食管和胃肠道黏膜，随后口服蛋清或牛奶，使蛋白与水银结合，延缓水银的吸收，并立即送医。

7. 传染病老年人应采用专用体温计，并单独进行清洁、消毒，以防交叉感染。

第七章

居家康复训练

第一节　康乐活动

学习目标

1. 熟悉手工活动的类型、目的、具体过程和注意事项。

2. 熟悉开展娱乐游戏活动、健身康复操的具体过程。

3. 熟悉床上体位转换的基本体位。

4. 掌握协助老年人进行坐位平衡训练的方法。

5. 掌握拐杖的使用及注意事项。

6. 掌握轮椅的使用及注意事项。

7. 掌握站立、行走训练的技巧及注意事项。

8. 掌握穿脱衣服训练的技巧及注意事项。

9. 在各项操作中严格遵守操作规程。

10. 操作态度认真，工作细致。

案例导入

刘爷爷，68岁，右侧肢体偏瘫3年，长期卧床，右上肢肌力2级，右下肢肌力2级，既往有高血压、高血脂病史5年。为避免刘爷爷卧床引起肢体受压而引发压疮、感染等并发症。

思考：如何对刘爷爷进行体位放置？如何协助刘爷爷在床上进行体位转换？照护者要注意哪些内容？

一、手工活动

（一）手工活动概念

手工活动是指所有能够自己动手做的手工制作项目，是根据服务对象的功能障碍，从日常生活活动、闲暇活动中有针对性地选择一些项目对其进行训练，以缓解症状和改善功能的一种康复方法。

（二）手工活动的类型

1. 日常生活类：如系鞋带、系扣子、拉拉锁、剥豆子等。

2. 布艺编织类：如做彩花、十字绣、织毛衣、串珠子等。

3. 艺术类：如画画、书法、剪纸、陶艺、面塑等。

（三）实践技能操作

【目的】

1. 调节老年人的情绪，放松精神，发展兴趣爱好。

2. 增强老年人的记忆，改善协调性，尤其是手的精细活动功能的恢复，对老年人获得独立生活的能力有重要意义。

【评估】

了解老年人的意愿、生活习惯、爱好等内容，选择适宜的活动项目，内容新颖、有趣、多样，与日常生活相结合。

【准备】

照护者准备：衣帽整齐、清洁、修剪指甲、洗手。

环境准备：环境整洁、安静、温湿度适宜，光线明亮。

老年人准备：身体状况允许，自愿参加。

用物准备：选择安全经济的用具，如豆子、扣子、橡皮泥等。

【实施步骤】手工活动法见表7-1。

表7-1　手工活动法

步　骤	操作内容	要点说明
步骤一	1. 活动设计：照护者设计老年人手工活动，项目内容新颖有趣、多样与日常活动相结合，要让老年人力所能及愿意参加，如编制中国结、剥豆子等	选择老年人喜闻乐见并愿意参与的手工活动，注意活动的安全性

步　骤	操作内容	要点说明
步骤二	2. 参与活动： （1）照护者准备豆子 （2）边示范边指导老年人进行剥豆子 （3）老年人进行练习，不断重复剥豆子的动作	
步骤三	3. 观察： （1）活动中要随时观察老年人的能力和反应 （2）根据老年人的能力采取鼓励和行为支持等方式	
步骤四	4. 记录：记录此次活动训练的目的，达到的效果及需要改进的方面；活动结束后，照护者征求老年人对活动的意见和建议并进行客观记录	

【注意事项】

1. 选择活动用具时保证安全。

2. 在活动过程中多使用鼓励性的语言。

3. 照护者安排手工活动时间要避开老年人的休息时间。

4. 老年人在活动中出现厌烦或身体不适时应立即停止并协助其休息。

二、娱乐游戏活动

（一）类型

1. 唱歌　根据老年人的需求选择歌曲，照护者组织老年人围坐在一起可以合唱，可以轮番领唱，也可以独唱。

2. 听音乐传布球　照护者组织老年人围坐在一起，随着音乐节奏传递布球，当音乐停止时布球在谁手里，谁就要表演节目，表演后再重复游戏。

3. 健身康复操　形式多样的健身康复操可以达到健身或康复的目的，是一种全身性的运动，可以让老年人感到精神愉悦，心情舒畅，从而增强其体质，提高免疫力。

（二）实践技能操作

【目的】

1. 提高老年人的心肺功能。

2. 提高老年人的身体柔韧性。

【评估】

评估老年人的意识状态、配合程度、肌力、肌张力、机体平衡能力以及主观意愿等身心情况。

【准备】

照护者准备：衣帽整齐、清洁、修剪指甲、洗手。

环境准备：环境整洁、地面无积水、活动场地无障碍物、室外锻炼应选择向阳避风的地方、室内锻炼要注意通风、保持空气新鲜。

老年人准备：穿着宽松舒适的衣服，防滑鞋，身体状况允许且自愿参加。

用物准备：毛巾、椅子，所需球类等。

【实施步骤】康复健身操法见表 7-2。

表 7-2　康复健身操法

步　骤	操作内容	要点说明
步骤一	1. 运动准备：开展过程中，先带领老年人一起做好准备活动 10 ～ 15 分钟	运动准备时间不宜过长，防止损伤
步骤二	2. 参与活动： （1）照护者先示范健身康复操的做法，然后带领老年人一起做 （2）老年人独自练习时，照护者应在旁边辅导，必要时给予协助 （3）观察老年人活动状况，发现异常，如呼吸急促、心慌、面色苍白、出冷汗等，应立即停止活动	身体平衡能力较差的老年人在练习时，照护者一定要注意运动保护
步骤三	3. 整理活动：最后做 10 分钟的整理活动，整个锻炼时间以 30 ～ 60 分钟为宜	
步骤四	4. 记录：记录此次活动训练的目的，达到的效果及需要改进的方面；活动结束后，照护者征求老年人对活动的意见和建议并进行客观记录	

【注意事项】

1. 开展健身康复操前，照护者应与老年人及家属确认其身体状况是否允许。

2. 练习健身康复操时应根据老年人身体状况确定活动量，因人而异。

3. 合理安排，每次练习时间以早晨和晚上为宜，也可根据自己的工作情况酌情安排。

4. 老年人健身康复操应以站立姿势缓慢移动的四肢协调、配合动作为主，动作幅度适中，尤其是肩、腰、髋关节的转动，尽量不做剧烈的跳跃，大幅度屈体和突然的低头动作。

三、床上体位转换

老年人在床上卧或半卧的时间越长，关节僵硬、肌肉萎缩或挛缩的发生率越大，老年人在后期的康复就越困难。长时间卧床制动，尤其是老年人更容易发生深静脉血栓、压疮、坠积性肺炎等并发症。因此，协助老年人采取正确的体位是非常重要的，不仅可以预防并发症，也可作为治疗的一部分促进老年人运动功能的恢复，使老年人在日常生活中即可得到治疗。

（一）常用床上体位的要点

体位一般是指身体位置，临床上通常指的是根据治疗、护理以及康复的需要所采取的并能保持的身体姿势和位置。

1. 卧 位

（1）良肢位：良肢位是指老年人在卧位或坐位时躯干及四肢所处的一种良好的体位或姿势。良肢位既可以使老年人感觉舒适，又能使各肢体及关节处于功能位置，减轻患侧肢体的肿胀，同时配合翻身活动，起到预防压疮、防止坠积性肺炎、对抗痉挛模式的出现等作用，有利于老年人早期康复。在早期，老年人体位是被动摆放的，需要用垫枕、卷起的床单或毛巾来维持。随着老年人身体机能的恢复，老年人需要的帮助会越来越少，逐步过渡到可以自己改变体位。

（2）患侧卧位：患侧上肢前伸，使肩部向前，确保肩胛骨的内缘平靠于胸壁。上臂前伸以避免肩关节受压和后缩。肘关节伸展，前臂旋后，手指张开，掌心向上。手心不应放置任何东西，否则因受抓握反射的影响而引起手抓握掌中的物体。健侧上肢置于身体上或稍后方。患侧下肢在后，患髋关节微后伸，膝关节略屈曲，足底支撑物（见图7-1）。

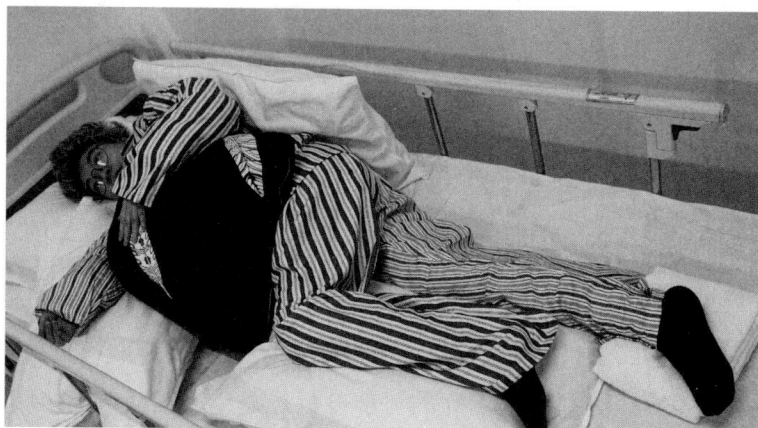

图 7-1　患侧卧位

患侧卧位注意事项：①翻身后，照护者应将老年人的患肩拉出，使肩部屈曲，肩胛骨前伸，避免患侧肩部受压和肩胛骨后缩；②禁止直接牵拉患侧上肢，以免引起肩关节脱位。

（3）健侧卧位：健侧在下，患侧在上，头部枕头不宜过高。患侧上肢下垫一个枕头，肩前屈90°～130°，肘和腕伸展，前臂旋前，腕关节背伸，患侧骨盆旋前，髋、膝关节呈自然半屈曲位，置于枕上。患足与小腿尽量保持垂直位，注意足不能内翻。身后可放置枕头支撑。健侧下肢平放在床上，轻度伸髋，稍屈膝（见图7-2）。

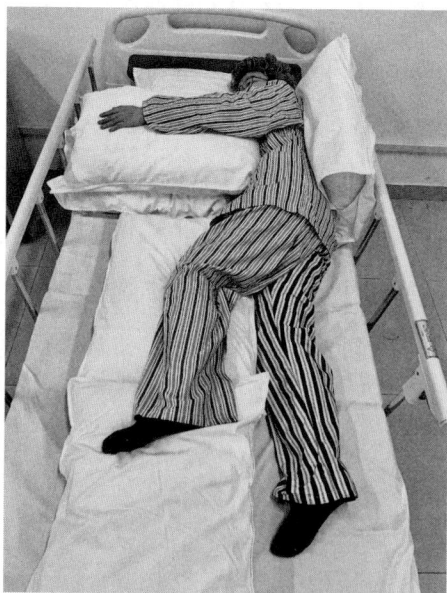

图 7-2　健侧卧位

注意事项：①患侧上肢与下肢应给予枕头支撑，高度应略高于心脏水平以促进静脉回流，减轻肢体水肿。②当患侧手指出现屈曲内收时，可手握一毛巾卷以对抗手指屈肌痉挛。③患手、患足不可外悬于枕头边缘，避免加重腕掌屈及足内翻。

（4）仰卧位：头下置一枕头，但不宜过高，面部朝向患侧。患侧肩部垫一个比躯干略高的枕头，将伸展的上肢置于枕上，防止肩胛骨后缩。前臂旋后，手掌心向上，手指伸展、张开。在患侧臀部及大腿下垫枕，以防止患侧骨盆后缩。枕头外缘卷起可防止髋关节外展、外旋，枕头右下角支撑膝关节呈轻度屈曲位。足底不应放置坚硬物品，防止增加不必要的伸肌模式的反射活动（见图7-3）。

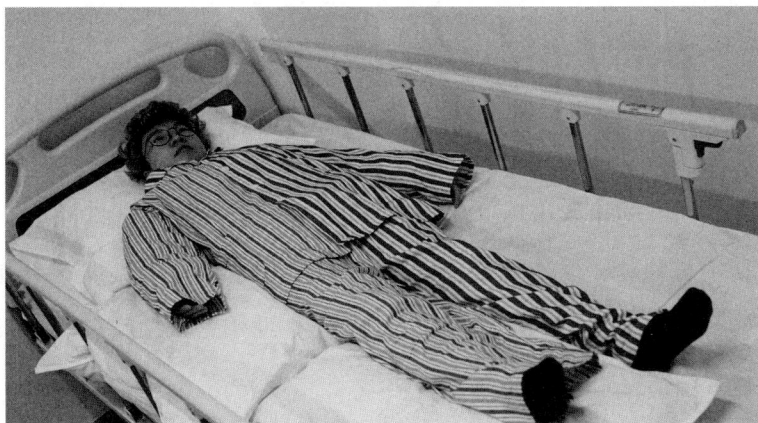

图 7-3　仰卧位

注意事项：①护理操作中应尽可能少用仰卧位。因仰卧位时，受颈紧张反射和迷路反射的影响易出现姿势异常，卧位时间过长易引起骶尾部、足跟外侧或外踝部发生压疮，应尽量缩短仰卧位的时间。②当患侧手指出现屈曲内收时，可手握一毛巾卷以抗手指屈肌痉挛。③患手、患足不可外悬于枕头边缘，避免加重腕掌屈及足内翻。④支撑患侧下肢的枕头应避免放在膝关节以下部位，以免引起膝过伸。⑤足底不放置坚硬物品，坚硬物体压在足底部，易增加不必要的伸肌模式的反射活动，在患侧足外侧垫一软枕可防止足下垂和足内翻，注意足部不受压。

偏瘫老年人应以侧卧位为主，三种体位交替使用，床两侧有床栏保护。体位变换有利于预防压疮、肺部感染、痉挛，一般1～2小时变换体位1次。

2. 坐 位

坐位为避免长期卧床造成的心肺功能下降，并为将来的功能恢复创造条件，在老年人能够耐受的时间内，可采取坐位姿势，并尽可能在坐位下进食与进行作业活动。正确的坐姿要求骨盆提供稳定的支持，躯干保持直立位。由于老年人身体各部的肌紧张状况不同，老年人经常会表现出头颈偏向患侧、躯干向患侧屈曲、骨盆后倾的坐姿，这些姿势容易引起部分肌肉的过度疲劳，而且老年人会逐渐失去平衡甚至跌倒，照护者必须随时纠正不良坐姿，不论何种方式的坐姿都必须掌握双侧对称的原则，坐位训练一般有5种训练方法。

（1）早采取床上坐位：只要病情允许，应尽早坐起来。

（2）床上最佳坐位：依次从30°、45°、60°、90°开始实施，当前一个体位保持30分钟无明显体位性低血压表现时，可过渡到下一步，训练时体重要平均分布于臀部两边，保持身体两侧平衡，躯干端正，不要偏坐一边。用大枕垫于身后，使髋关节屈曲90°，防止躯干后仰。将双上肢移动到小桌上，保持中立位，自然伸直，肘及前臂下方垫枕，防止肘部下滑。膝关节屈曲5°～10°，若不能完成可在膝下放置一个小软枕。避免半卧位，以防引起对称性颈紧张性反射，增加上肢屈曲，下肢伸直的异常痉挛模式。

（3）床边坐位：老年人将患腿置于床边外，使膝关节屈曲，开始时需照护者促进这一动作，或用健腿把患腿抬到床边，然后健侧上肢向前横过身体，同时旋转躯干，健手在患侧推床以支撑上身，并摆动健腿到床外，帮助完成床边坐位。若老年人需要更多的帮助，照护者可将其上肢环绕老年人的头和患肩，通过身体倒倾帮老年人坐直。从健侧坐起时，先向健侧翻身，健侧上肢屈曲缩到体下，双腿远端垂于床边，头向患侧（上方）侧屈，健侧上肢支撑慢慢坐起。老年人由床边坐位躺下，运动程序与上述相反。

（4）坐位平衡训练：静态平衡训练要求老年人取无支撑下床边或椅子上静坐位，髋关节、膝关节和踝关节均屈曲90°，足踏地或支撑台，双足分开约一脚宽，双手置于膝上。照护者协助老年人调整躯干和头至中间位，当感到双手已不再用力时松开双手，此时老年人可保持该位置数秒，然后慢慢地倒向一侧。随后照护者要求老年人自己调整身体至原位，必要时给予帮助。静态平衡完成后，让老年人自己双手手指交叉在一起，伸向前、后、左、右、上和下方并有重心相应的移动，此称自动态坐位平衡训练。老年人即使在受到突然的推、拉外力仍保持平衡时就可以认为已完成坐位平衡训练，此后坐位训练主要是耐力训练。

（5）坐位时身体重心向患侧转移训练：偏瘫老年人坐位时常出现脊柱向健侧侧弯，身体重心向健侧臀部偏移。照护者应立于老年人对面，一手置于患侧腋下，协助患侧上肢肩胛带上提，肩关节外展、外旋，肘关节伸展，腕关节背伸，患手支撑于床面上；另一手置于健侧躯干或患侧肩部，调整老年人姿势，使患侧躯干伸展，完成身体重心向患侧转移，达到患侧负重的目的。

注意事项：①每天坐起的次数和持续时间，可根据老年人的体能，以能耐受为宜。例如，每天清晨起床后的洗脸、刷牙梳头等活动可以在坐位下进行，每日三餐时间也可采取坐位。②协助老年人坐位时，应先抬高床尾，再抬高床头。体位改变过程中应循序渐进，坐位训练从 30° ～ 45° 开始约每 5 分钟增加 5°，防止体位变换过快导致体位性低血压的发生。③体位变换后要密切观察老年人有无头晕、面色苍白、视力模糊、呕吐等体位性低血压症状出现，随时调低头角度。④尽量避免半卧位，以免增加不必要的躯干屈曲伴下肢伸直并加重骶骨和尾骨受压导致压疮的发生。⑤老年人在没有良好支持的情况下，保持直立的床上坐位有困难时，应停止使用这种体位，避免导致不良姿势形成和强化痉挛模式。如老年人长时间采取髋关节屈曲小于 90° 的坐姿，会造成背部弯曲，骨盆向后方倾斜，将使髋关节长时间处于半伸展状态，从而诱发下肢伸肌痉挛加重，阻碍下肢运动功能的恢复。

3. 肢体锻炼

（1）肢体被动运动：预防关节活动受限，促进肢体血液循环和增强感觉输入，先从健侧开始，然后参照健侧关节活动范围做患侧。从肢体近端到远端，动作要轻柔缓慢，重点进行肩关节外旋、外展和屈曲，肘关节伸展，腕和手指伸展，髋关节外展和伸展，膝关节伸展，足背屈和外旋，急性期每日 2 次，以后每日 3 次，老年人意识清醒后尽早开始做被动运动。

（2）上肢训练：有 2 种方法。

①主动运动：老年人取仰卧位，双手手指交叉在一起，用健侧上肢带动患侧上肢在胸前伸肘上举，然后屈肘，双手返回置于胸前，这类运动多需与照护者协助进

行的被动活动交替进行，双手手指交叉在一起，双上肢伸展有利于降低患侧上肢痉挛。

②分离运动及控制能力训练：老年人取仰卧位，支持患侧上肢于前屈90°。让老年人上抬肩部使手伸向天花板或患侧上肢随照护者的手在一定范围内活动，并让老年人用患手触摸自己的前额、嘴等部位。或者让患肩外展90°，以最小限度的辅助完成屈肘动作，即嘱老年人用手触摸自己的嘴，然后再缓慢地返回至肘伸展位。

（3）下肢训练：有5种运动方法。

1）桥式运动：①双侧桥式运动：老年人取仰卧位，双上肢伸展撑于床面，双下肢屈曲，足踏床，慢慢地抬起臀部，维持一段时间后慢慢放下。早期训练多需要照护者帮助，固定患侧膝关节和踝关节并叩打刺激患侧臀部，引导老年人完成桥式运动（见图7-4）。

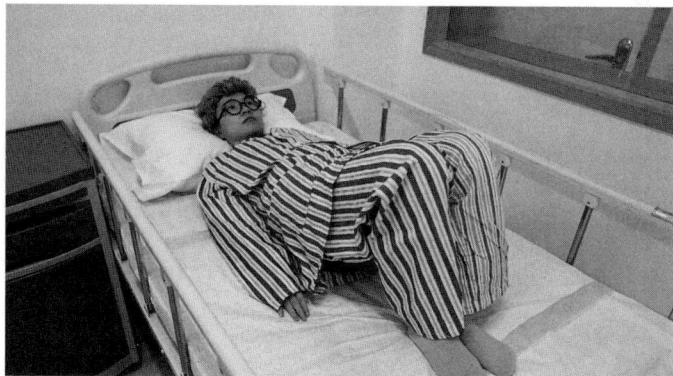

图7-4　双侧桥式运动

双侧桥式运动

②单侧桥式运动：在老年人能完成双侧桥式运动后，训练单侧桥式运动，老年人健侧下肢悬空，患侧下肢屈曲，患足踏床、抬臀完成该动作（见图7-5）。

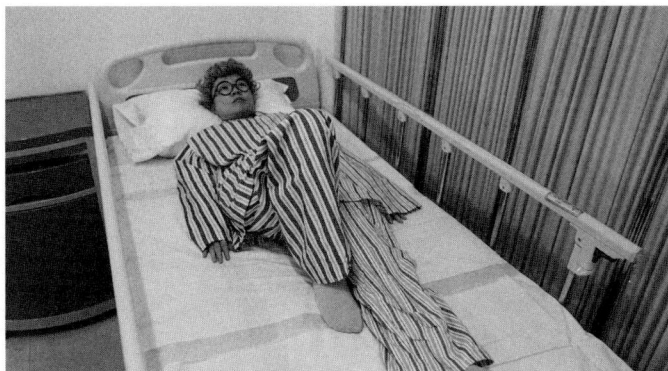

图 7-5　单侧桥式运动

③动态桥式运动：进一步增强下肢内收、外展的控制能力。老年人仰卧屈膝，双足踏住床面，双膝平行并拢，健侧下肢保持不动，患侧下肢进行内收和外展动作，并控制动作的幅度和速度。然后患侧下肢保持中立位，健侧下肢进行内收、外展动作。

2）屈曲动作训练：仰卧位，上肢置于体侧，或双手十指交叉举至头上方。照护者一手将患足保持在背屈位、足掌支撑于床面；另一手扶持患侧膝关节，维持髋关节呈内收位，令患足不离开床面而向头端，完成髋、膝关节屈曲，然后缓慢地伸直下肢，如此反复练习，也可在坐位下完成屈膝练习。

3）伸膝分离运动：仰卧位，膝弯曲，照护者用手抓住患足（不应接触足尖），使其充分背屈和足外翻，随后缓慢地诱导患侧下肢伸展，让老年人不要用力向下蹬，并避免出现内收内旋。但老年人对下肢伸展失去控制并陷入伸肌模式时，就应马上停止伸展，要求其屈曲患腿，以便重新获得控制能力。

4）夹腿运动：仰卧位，双腿屈曲，足踏床，先把两膝分开呈外旋位，然后让老年人主动合拢双膝，同时照护者对老年人的健腿施加阻力，阻止其内旋内收，如老年人可轻松完成本动作，可让老年人伸展健腿，仅做患腿的训练。

5）踝背屈训练：仰卧位，双腿屈曲，双足踏在床面上。照护者一手食指、拇指分开，夹住患侧踝关节的前上方用力向下按压，使足底保持着床位，另一手使足背屈外翻。当被动踝背屈抵抗消失后，让老年人主动保持该位置，随后指示老年人主动背屈踝关节。用冰毛刷快速刺激趾尖、趾背和足背外侧容易诱发踝背屈，注意起初要防止老年人过度用力引起足内翻，上述训练也可在坐位和站位下进行。

（三）实践技能操作

【目的】

通过床上体位平衡训练，增强老年人床上运动能力，避免肌肉萎缩、肺炎、血栓等并发症。

【评估】

全面评估老年人的身体状况，疾病状况，与老年人及家属充分沟通。

【准备】

照护者准备：衣帽整齐、清洁、修剪指甲、洗手。

环境准备：环境整洁、温度适宜。

老年人准备：了解康复训练的目的、方法、注意事项和配合要点等。

用物准备：训练床。

【实施步骤】床上体位平衡训练见表7-3。

表7-3　床上体位平衡训练

步　骤	操作内容	要点说明
步骤一	1. 照护者协助老年人双上肢置于身后稍外侧，前臂旋后，双手掌支撑床面，尽可能保持身体直立位	评估老年人肌力状况
步骤二	2. 双手支撑能够保持平衡后，抬起一侧上肢，改为单手支撑，未支撑的上肢向侧面、向前、向上抬起，头和躯干轻度偏向支撑侧	
步骤三	3. 双上肢抬起，不需支撑，头、肩和躯干后倾以保持身体平衡	注意保护，防止运动损伤
步骤四	4. 训练过程中，康复照护者应随时观察老年人，发现异常立即停止，当老年人的表现有进步时，要及时给予鼓励	
步骤五	5. 及时记录老年人训练日志，包括训练完成情况等	

【注意事项】

1. 老年人先训练静态平衡，在能维持15～30分钟后，根据具体情况进行动态平衡的训练，可突然对老年人身体施以少许推力使其用力维持平衡。

2. 让老年人梳头、拍手、两手轮流向前击拳或进行相互投球等练习。

3. 逐步从睁眼过渡到闭眼状态下进行平衡功能训练。

4. 在体位变换前，应向老年人说明目的和要求，以取得配合，并对全身的皮肤进行检查，包括有无压红、破溃等。

5. 在体位变换中，动作要轻柔，不可暴力拉拽，并尽可能发挥残存的能力进行体位变换，同时给予必要的协助和指导。

6. 在体位变换后，一定要保持老年人的体位舒适及正确的良肢位。

第二节 活动保护

🎯 **学习目标**

1. 了解轮椅的选择。

2. 熟悉手杖、腋杖的选择。

3. 掌握手杖、腋杖的训练方法和使用轮椅转运老年人的方法。

4. 掌握老年人站立、行走训练。

5. 掌握老年人穿脱衣服训练。

6. 协助老年人进行腋杖的行走训练。

7. 在各项操作中严格遵守操作规程。

8. 操作态度认真，工作细致。

案例导入

李奶奶，63岁，因雪天地滑而摔倒，导致右小腿胫腓骨粉碎性骨折，经手术后现居家卧床休养。

思考：作为李奶奶的照护者，如何教会李奶奶使用轮椅？而随着骨折的愈合，李奶奶又该怎样使用腋杖进行行走？

由于疾病的影响及老年人各个器官功能的退化，在日常生活中常需使用拐杖、轮椅等康复器具来实现行走等转移活动，照护者必须熟悉拐杖、轮椅等各种辅助用具的性能、使用方法及使用注意事项，帮助功能障碍者选用合适的辅助用具，并指导相应功能训练的方法，以及在日常生活活动中的应用。掌握正确的使用方法，可避免发生跌倒等意外伤害，更好地满足老年人的生活，提高其生活质量。

一、拐杖使用

（一）手杖

1. 手杖的选择　一般情况下使用 T 字型手杖或带座手杖。当老年人平衡能力差，特别是上肢肌力低下时，可选用四脚手杖或肘杖。

2. 手杖的基本使用方法　让老年人穿鞋站立，肘关节屈曲 150°，腕关节背伸，小趾前外侧 15cm 处至被伸手掌面的距离即为手杖的高度，在使用手杖前，照护者先教会老年人检查手杖是否完好，内容包括把手有无松动，手掌与地面接触的橡胶垫是否完好，调节高度的按钮是否锁紧等。

3. 训练方法

（1）三点步行：伸出手杖，先迈出患足，再迈出健足。

（2）两点步行：同时伸出手杖和患足并支撑体重，再迈出健足，手杖与患足作为一点，健足作为一点，交替支撑体重。

（3）上下楼梯训练：老年人在平地上熟练行走后，可进行上下楼梯训练。

1）扶栏杆上下楼梯训练：偏瘫老年人健手扶栏杆，上楼时，健足踏上一级，然后患足踏上与健足并行；下楼时，患足先下一级，健足再下与患足并行。

2）扶手杖上下楼梯训练：上楼时，先健足踏上，再将手杖立于上一级台阶上，然后患足；下楼时先将手杖立于下一级台阶上，患足先下，然后健足。

手杖三点步行　　手杖两点步行　　扶手杖上下楼梯
训练

（二）腋杖

1. 适用人群：下肢截肢或截瘫的老年人。

2. 腋杖的选择：一般情况下，腋杖把手的高度和手杖高度相同，腋杖高度简单的测定为身高减去 41cm。

3.持腋杖步行的技巧训练

（1）摆至步：双腋杖前置，身体重心前移，通过伸肘、降低伸展肩胛骨、低头抬起骨盆和双腿，将双腿向前摆至双腋杖的稍后方，重新建立平衡站姿，腋杖迅速前置。

（2）摆过步：双腋杖前置，老年人支撑把手，身体重心前移，用力向前摆动身体，使双足超过双腋杖的着地点，双足着地，通过抬头，收缩肩胛骨和推动骨盆向前，重新取得平衡站姿，再将腋杖向前移动取得平衡。

（3）四点步：先伸出左腋杖—通过提髋提起右腿并向前摆动—右足着地—伸出右腋杖—迈左腿，完成一个步行周期，如此反复进行。

（4）两点步：伸出一侧的腋杖和对侧的足，再伸出另一侧的腋杖与相对应的足，如此交替进行。

（5）上楼梯（以左侧扶手右侧腋杖为例）：老年人面对楼梯站立，左手向前伸出，在距足约15cm处握住楼梯扶手，随后右手所持腋杖放置上一阶梯，与左手扶手同高，双上肢同时用力支撑，臀部向后抬高，双下肢向前摆动至上一阶梯时立即过伸髋关节和躯干，以维持身体平衡，亦可采用后退上楼梯。

（6）下楼梯：一手扶住楼梯扶手，一手持腋杖至同一阶梯的边缘，双手对齐，保持身体直立，双上肢同时支撑，提起双下肢并向前摆动至下一阶梯，双足着地后立即过伸髋关节，双肩后缩以寻找身体的平衡点。

（三）实践技能操作

【目的】

掌握腋杖的使用方法。

【评估】

评估老年人的身高、体重、年龄、疾病诊断、病情及进展情况，老年人以往腋杖的使用情况、活动能力、活动时间等。

【准备】

照护者准备：衣帽整齐、清洁、修剪指甲、洗手。

环境准备：环境宽敞，地面平坦，无积水。

老年人准备：有行走的意愿，身体状况允许，着装合体，鞋子防滑。

用物准备：腋杖。

【实施步骤】腋杖行走训练见表7-4。

表7-4 腋杖行走训练

步 骤	操作内容	要点说明
步骤一	1. 训练前准备：训练前应先进行双上肢，腰背部和腹部肌力的增强训练，并训练坐起和坐位平衡，完成以上训练后方可进行持腋杖行走训练	
步骤二	2. 双腋杖行走训练：将腋杖置于足小趾前外侧15厘米处，曲肘20°～30°，双肩下沉，将上肢肌力落在腋杖把手上，老年人提起双侧腋杖和患肢同时向前，提起腋杖置于身体前方，将身体重心置于腋杖上，腿稍弯曲，用腰部力量摆动身体向前	1. 双腋杖在练习时注意保护 2. 注意老年人使用单侧、双侧腋杖时重心的位置
步骤三	3. 单腋杖行走训练：健侧臂持杖行走时，健侧下肢承担体重，腋杖与患侧下肢同时向前迈出，继而健侧下肢和另一臂摆动向前；或将健侧臂持杖前移，然后移患侧下肢，再移健侧下肢	使用单腋杖前要确保健侧肢体能正常运动并保持平衡
步骤四	4. 观察： （1）在训练过程中，观察老年人有无出汗、呼吸急促、心慌等异常情况，询问老年人感受，如感到疲劳应立刻休息 （2）行走结束后，向老年人了解使用腋杖行走的感受，使用中存在的问题，以便解决问题，给予指导	1. 注意观察腋杖的高度是否适合，腋杖的底端需注意防滑 2. 腋杖的腋面可采用海绵、棉花等包被，防止摩擦引起腋窝皮肤损伤
步骤五	5. 记录：记录训练日志，达到的效果及需要改进的方面	

【注意事项】

1. 老年人握住腋杖把手，腋杖放在脚的前外侧，目视前方，保持身体直立行走。

2. 照护者可以拉住行走老年人的腰带或特制的保护腰带，以防老年人跌倒。

3. 在行走过程中，照护者要观察有无妨碍行走的障碍物，如有应及时清理。

二、轮椅使用

（一）适用人群

普通轮椅主要适用于下肢残疾、偏瘫或截瘫者，即行动不便的老年人。

（二）轮椅的选择

普通轮椅的结构主要由轮椅架、车轮刹车装置、坐垫、靠背、脚踏板等部分组成，依靠人力驱动，轮椅选择的指标如下：

1.座位宽度　两侧臀部最宽处加上5cm为座位的最佳宽度,座位太宽不易坐稳,操作轮椅不便,太窄老年人坐起不便,臀部及大腿易受压迫。

2.座位长度　测量坐下时后臀部向后最突出处至小腿腓肠肌后缘之间的水平距离,并减去5～7cm。

3.座位高度　测量足跟至腘窝的距离一般为40～45cm,座位太高则轮椅不易推入至桌面下,太低则老年人的坐骨结节受压太大。

4.靠背高度　椅面至腋窝的距离减去10cm,但颈椎高位损伤者应选用高靠背,距离为椅面至肩部的距离。

5.扶手高度　坐位,肘关节屈曲90°,椅面至前臂下缘的高度减去2.5cm。

（三）照护者使用轮椅转运老年人

1.转运前准备

照护者应了解老年人的身体状况、活动能力、活动时间及轮椅的使用情况,向老年人解释即将开始的转运过程,取得其配合。为老年人选择合适的轮椅,双手掌分别放在轮椅旁边的横杆上,同时向下用力即可打开轮椅,检查轮椅的轮胎气压是否充足,刹车制动是否良好,轮椅完好备用,必要时备毛毯。

2.使用轮椅转运老年人

（1）照护者将轮椅推至老年人床旁,使椅背与床尾平齐或轮椅与床尾呈30°～45°角,将踏板翻起,拉动车闸固定车轮。

（2）扶老年人坐起,协助其穿衣、裤及袜子。

（3）嘱老年人以手掌撑在床面上,两脚下垂,坐于床沿,观察老年人有无眩晕和不适的反应。

（4）协助老年人穿好鞋子。

（5）搀扶或抱起老年人坐在轮椅上,嘱老年人双手扶稳扶手为其系好安全带,将双脚放在脚踏板上,松开刹车平稳行进。

（6）观察老年人有无不适后放松车闸,推送老年人至目的地。

（7）下轮椅时,先将轮椅推至床尾,固定好轮椅,翻起脚踏板,松开安全带,确定老年人无眩晕等不适,协助老年人站起,起身,坐于床沿。

（8）协助老年人脱鞋,舒适躺下,整理床单位。

3.转运技巧

（1）平地使用轮椅时，照护者站在轮椅后方双手扶住车把前进。

（2）推轮椅上台阶，脚踩踏轮椅后侧的杠杆抬起前轮，以两后轮为支点，使前轮翘起平稳地移上台阶，再以两前轮为支点，双手抬车把，抬起后轮平稳地移上台阶。

（3）推轮椅下台阶，老年人和照护者都背向行进方向，照护者在前，轮椅在后，嘱老年人抓紧扶手，照护者抬起车把，轻轻将后轮移到台阶下，以后轮为支点，缓慢抬起前轮后移到台阶下。

（4）推轮椅上坡时，照护者要保持轮椅的平稳，手握椅背把手慢用力，两臂保持屈曲，身体前倾，平稳向上推，嘱老年人手扶轮椅扶手，尽量靠后坐，切勿将轮椅突然转换方向，也不可突然急刹车，否则老年人易向前倾倒。

（5）推轮椅下坡时要采用倒车下坡的方法，嘱老年人抓紧轮椅两侧扶手，照护者握住椅背把手，缓慢倒退行走，保证老年人安全。

（6）推轮椅上下电梯时，老年人和照护者均背向电梯门，照护者在前，轮椅在后，进入电梯后要及时拉紧车闸，进出电梯时提示并告知老年人缓慢进出。

（四）老年人自行使用轮椅

老年人坐于轮椅正中，抬头，目视前方，背向后靠，髋关节保持90°。

（1）向前驱动：打开轮椅闸，肩后伸，肘稍屈曲，双手紧握轮椅手轮圈后半部分，上身前倾，双上肢同时向前推并伸肘，当肘关节完全伸直时，放开手轮圈，如此重复进行。

（2）方向转换和旋转：老年人一手固定一侧手轮圈，另一手驱动另一侧手轮圈，以固定车轮为轴使轮椅转换方向，如在原地使轮椅旋转180°，可使左右轮一侧向前，一侧向后，即向相反方向驱动即可完成。

三、站立、行走训练

（一）站立训练

1.从坐位到站起的训练：照护者立于老年人对面，双足固定，患足膝关节屈曲并抵住患侧膝关节，双手置于老年人肩部，并用肘部将老年人上肢抵在自己的腰部。协助老年人将身体重心向前移动，当双肩前移超过双足时，膝关节伸展而完成起立动作，起立时要提醒老年人尽量患侧负重，抬头看前方。

2. 站位平衡训练：静态站位平衡训练是在老年人站起后，让老年人松开双手，上肢垂于体侧，照护者逐渐除去支撑，让老年人保持站位。注意站位时不能有膝过伸，老年人能独立保持静态站位后，让老年人重心逐渐向患侧，训练患腿的持重能力。同时让老年人双手交叉的上肢（或仅用健侧上肢）伸向各个方向，并随躯干（重心）相应地摆动，训练自动态站位平衡。如在受到突发外力的推拉时仍能保持平衡，说明已达到站位平衡。

3. 患侧下肢支撑训练：当患侧下肢负重能力逐渐提高后，就可以开始患侧单腿站立训练。老年人站立位，身体重心移向患侧，健手可抓握一固定扶手以起保护作用，健足放在照护者腿上。为避免患侧膝关节过度伸展，用手辅助膝关节保持屈曲15°左右。随着患侧下肢负重能力的提高，可用另一手握住老年人的健足，使之向下踩的力量减弱，进而使患侧下肢负重能力逐渐接近单足站立平衡能力。

4. 患侧下肢迈步训练：偏瘫老年人迈步，因足趾离地时屈膝不够而致使摆动患足拖地，因此，屈膝是训练的主要内容。老年人俯卧位，照护者将老年人膝关节屈曲90°，通过小范围的屈伸活动练习屈肌群的收缩，维持膝关节不同角度静止不动以提高膝关节的控制能力。训练中，屈膝时应防止屈髋；老年人站立位，训练屈肌群的收缩控制能力，照护者帮助老年人微屈膝，注意防止骨盆上提。

（二）步行训练

1. 步行训练时机：一般在老年人达到自动态平衡以后，患腿持重达体重的一半以上，并可向前迈步时才开始步行训练。但由于老年人易出现废用综合征，有的老年人靠静态站立持重改善缓慢，对某些老年人步行训练可适当提早进行，必要时使用下肢支具。不过，步行训练量早期要小，以不致使老年人过度费力而出现足内翻和尖足畸形，并加重全身痉挛为度。因为一旦出现明显的足尖内翻，很难通过训练进行纠正，多需长期使用下肢支具，而目前在国内大面积使用支具尚有困难。

2. 步行训练方法

（1）步行前准备。如扶持立位下患腿前后摆动，踏步、屈膝、伸髋练习，患腿负重，健腿向前向后移动及进一步训练患腿的平衡。

（2）扶持步行。照护者站在偏瘫侧，一手握住患手，掌心向前；另一手从患侧腋下穿出置于胸前，手背靠在胸前处，与老年人一起缓缓向前步行，训练时要按照正确的步行动作行走或平行杠内步行，然后扶杖步行（四足杖→三足杖→单足杖）到徒手步行。

（3）改善步态训练。步行早期常有膝过伸和膝打软（膝突然屈曲）现象，如出现患侧骨盆上提的划圈步态，说明膝屈曲和踝背屈曲，应进行针对性的膝控制训练。

（4）复杂步行训练。如高抬腿步，弓箭步，绕圈走，转换方向，越过障碍走，各种速度和节律的步行以及训练步行耐久力（如长距离的步行、接力游戏），增加下肢力量（如上斜坡、上楼梯），训练步行稳定性（如在窄步道上步行），训练协调性（如踏固定自行车、踏脚踏式织布机等）。

四、穿脱衣服训练

当老年人能够保持坐位平衡后，即可进行穿脱衣服、鞋袜等训练。多数老年人穿脱衣服可用单手完成，如偏瘫老年人穿衣时先穿患肢，脱衣时先脱健肢；截瘫老年人若可坐稳可自行穿脱上衣，穿裤子时可先取坐位，将下肢穿进裤子，再取卧位，抬高臀部，将裤子提上穿好，穿戴义肢的老年人应增加义肢穿戴的训练。

1. 穿开襟上衣训练

（1）老年人取坐位，照护者在老年人患侧，指导老年人将上衣里面朝外，衣领向上置于其膝上，用健手帮助露出里面的袖口。

（2）指导老年人用健手把患侧衣袖穿上，将上衣衣领拉到健侧肩。

（3）指导老年人把健侧手和上肢穿进衣袖，用健手拉住上衣的后襟，将其拉开展平。

（4）指导老年人整理上衣，使其对称并使纽扣对准相应的扣眼，稳定纽扣边缘，用健侧拇指撑开扣眼套上纽扣。

2. 脱开襟上衣训练

（1）照护者协助老年人坐起，指导老年人解开纽扣。

（2）指导老年人用健手将患侧上衣脱到患肩下，然后将健侧脱到健肩下。

（3）指导老年人将健侧上肢和手脱出衣袖，用健手将患侧衣袖拖下，完成脱衣。

3. 穿套头衫训练

（1）照护者在老年人患侧，协助取坐位，指导老年人解开套头衫的纽扣。

（2）指导老年人将套头衫的背面向上、衣领向下放于膝上，将套头衫的后襟拉到一起，直到露出里面的袖口。

（3）指导老年人拉起患侧上肢并将其穿入相应袖口，拉上衣袖，直到肘以上。

（4）指导老年人将健侧上肢穿入相应袖口，直到肘以上。

（5）指导老年人将套头衫从衣领到衣襟拉在一起，将头套入领口并伸出。

（6）指导老年人拉衣襟整理好套头衫。

4. 脱套头衫训练

（1）指导老年人坐起，照护者站于老年人患侧。

（2）指导老年人健手抓住衣衫后领向上拉，在背部从头脱出健侧衣袖。

（3）指导老年人用健手脱下患侧衣袖，完成脱衣动作。

5. 卧位穿脱裤子训练

（1）照护者站于老年人患侧，协助老年人取坐位，将患腿屈膝屈髋，放在健腿上。

（2）指导老年人患腿穿上裤腿后拉至膝盖上方，以同样的方法穿健腿裤子。

（3）协助老年人躺下，蹬起健腿抬起臀部，将裤子提至腰部，指导老年人扣好扣子，系好腰带并整理（脱的顺序与穿的顺序相反）。

6. 坐位穿脱裤子训练

（1）协助老年人取坐位，照护者站于老年人患侧，将患腿屈膝屈髋，放在健腿上。

（2）协助老年人健手穿上患侧裤腿，向上提拉，放下患腿，然后穿上健侧裤腿。

照护者示范穿脱
开襟上衣训练

老年人训练
穿脱上衣

（3）指导老年人站起，将裤子提至腰部并整理好裤子，老年人坐下系好腰带（脱裤子的顺序与穿裤子顺序相反，先脱健侧后脱患侧）。

7. 穿脱袜子训练

（1）指导老年人取坐位，照护者站在老年人患侧，将患腿交叉放在健侧腿上，如果不能主动完成，可用叉握的双手抬起患腿放置于健侧腿上。

（2）将袜口张开，身体前倾将袜子套入足上，抽出手指整理袜底、袜面，将袜腰拉到踝关节处，最后从足跟处向上拉平整理。

（3）用同样方法，穿上另一只袜子（脱袜子比穿袜子简单，动作模式类似）。

8. 穿脱鞋子训练

（1）照护者站于老年人患侧，协助老年人取坐位，将患脚的鞋子从地上拿起，鞋面向下放在床上或身体旁的椅子上。

（2）指导老年人将患腿提起并交叉放于健腿上。

（3）指导老年人拉开鞋面，将患脚穿进鞋里，用健侧手指勾上鞋跟。

（4）指导老年人用健手系上鞋带或粘上魔术贴，放下交叉的患腿（脱患脚鞋子的顺序与上述顺序基本相反）。

老年人进行穿衣训练时的注意事项：

1. 衣服以宽松、穿脱方便为宜，纽扣选用扣搭或大的暗扣。

2. 裤带可选用松紧带，使老年人操作方便。

3. 鞋子大小合适，不可过紧，鞋带要改为尼龙搭扣或带环的扣带，穿鞋时可用长柄鞋拔。

4. 对弯腰困难者可用简易穿袜器及穿鞋器协助穿脱。

第八章

居家应急救护

第一节　跌倒摔伤后的初步处理

学习目标

1. 了解老年人易发生跌倒摔伤的原因。

2. 熟悉冷敷、止血包扎、疑似骨折固定的目的。

3. 掌握冷敷、止血包扎、疑似骨折固定的方法。

4. 掌握冷敷、止血包扎、疑似骨折固定的注意事项。

5. 能用冷敷法、止血包扎法、疑似骨折固定法对跌倒摔伤后的老年人进行初步处理。

6. 态度认真，工作细致。

案例导入

　　李爷爷，73岁。夜间上厕所时不慎跌倒，右脚先着地，右脚踝扭伤，肿胀，继而臀部着地。照护者赶到后询问李爷爷有何不适，老年人神色焦急，主诉右脚踝疼痛、肿胀、发热，检查脚踝部无伤口。

　　思考：假如你是李爷爷的照护者，此时你应如何处理？

一、概　述

　　急性软组织损伤是指由于扭伤、挫伤、跌倒等原因，导致人体运动系统皮肤以下、骨骼之外的肌肉、韧带、筋膜、肌腱、滑膜、脂肪、关节囊等组织以及周围神经、血管不同情况的损伤。老年人神经系统、关节韧带退变，平衡协调能力差，对意外情况反应慢，关节稳定性也差，容易发生跌倒摔伤。照护者必须掌握外伤的初步判断和紧急处理，为老年人后续的急救治疗赢得时间，打好基础。

（一）急救冷敷法

冷敷法是冷疗法的一种，用冰袋或湿毛巾敷在皮肤表面，以使局部毛细血管收缩，有消炎、止血、止痛、降低体温的作用，外伤急救时多用于扭伤、挫伤早期的急性软组织挫伤引起的疼痛、水肿。

冷敷的方法有两种，一种是用冰袋冷敷。在冰袋里装入半袋或三分之一袋碎冰或冷水，把袋内的空气排出，用夹子把袋口夹紧，放在所需冷敷的部位。没有冰袋时，用塑料袋也可。另一种冷敷法是把毛巾在冷水或冰水内浸湿，拧干敷在患处，最好用两块布交替使用，敷后用毛巾擦干。

（二）实践技能操作

急救冷敷法

【目的】

缓解扭伤、挫伤早期的急性软组织挫伤引起的疼痛、水肿。

【评估】

环境安全、老年人意识、情绪状态和配合程度。

【准备】

照护者准备：衣帽整齐、清洁、修剪指甲、洗手。

环境准备：环境整洁、温湿度适宜。

老年人准备：理解冷敷的目的、方法、注意事项及配合要点；取舒适体位，暴露冷敷部位。

用物准备：一次性医用冰袋、冷敷标签、垫巾、毛巾、记录单、笔。

【实施步骤】急救冷敷法见表8-1。

表8-1 急救冷敷法

步　骤	操作内容	要点说明
步骤一	1. 立即报告医务人员或家属，或拨打急救电话	
步骤二	2. 携用物至老年人房间，将老年人移至床上或座椅上，取舒适体位，患侧踝部制动抬高	患侧踝部高于心脏水平
步骤三	3. 在冷敷部位患侧踝下面垫一次性垫巾	

续表

步　骤	操作内容	要点说明
步骤四	4. 找到冰袋里面的液体包，用力捏破内袋，3 秒钟内即可致冷，并上下抖动使内容物充分混合，冰袋会在 2 分钟内使冰点降至 0℃ ~5℃ 以下	
步骤五	5. 将降温用的冰袋用毛巾包好，冷敷患处	
步骤六	6. 在冷敷标签上注明老年人姓名、冷敷部位和时间	
步骤七	7. 随时巡视老年人情况，了解老年人患处皮肤反应，并观察老年人有无其他不适 （见图 8-1）	

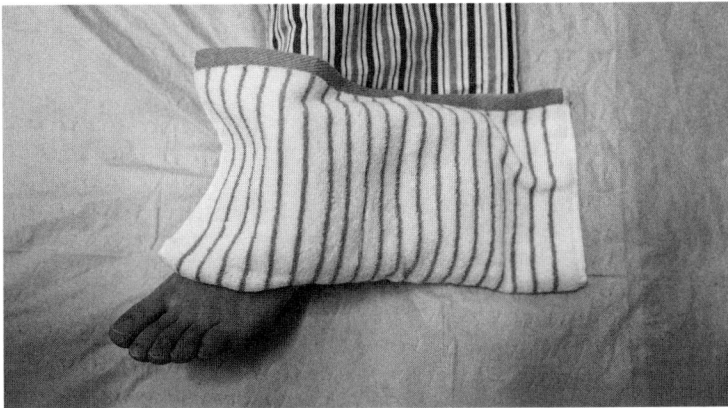

图 8-1　急救冷敷法

【注意事项】

1. 应仔细询问老年人有无冷敷禁忌证。

2. 检查冰袋有无破损。

3. 冷敷局部应抬高制动。

4. 冷敷过程中密切观察老年人的反应和冰袋有无破损渗漏。

5. 冷敷时间不超过 20 分钟。

6. 心前区、枕后、足底部位禁忌冷疗。

案例导入

　　王奶奶，69 岁。夜间自行如厕时不慎滑倒，右侧前臂撞在水池边沿，皮肤有 2 厘米×3 厘米伤口，有肿胀出血。王奶奶自行站立起来后，照护者赶到现场问其摔伤情况，老年人神色焦急，主诉右侧肘部伤口疼痛、出血，须包扎止血，其他无不适。

　　作为王奶奶的照护者，应对其伤势进行初步处理。

　　思考：假如你是王奶奶的照护者，此时你应如何处理？

二、止血、包扎的方法

（一）外伤出血的观察要点

　　出血是指血液从伤口流至组织间隙、体腔内或体外的现象。外伤出血的观察要点包括以下三个方面：

　　1. 观察老年人的面色、神志。

　　2. 观察受伤出血部位有无肿胀、外形改变，能否活动等。

　　3. 观察导致老年人受伤现场的危险因素，若老年人能移动，帮助老年人尽快离开现场。

（二）外伤出血后的紧急处理

　　1. 止　血

　　（1）直接压迫止血：适用于各种血管出血的初步止血，是一种简单有效的临时性止血方法。

　　操作方法：即用无菌纱布或清洁手帕、毛巾、棉质衣物等直接置于出血处，按压止血。

　　（2）加压包扎止血：适用于小动脉、静脉及毛细血管出血，是急救中最常用的止血方法之一。但关节脱位及伤口有碎骨存在时不用此法。

　　操作方法：即用无菌纱布或清洁手帕、毛巾、棉质衣物等敷于伤口上，然后用绷带或三角巾缠绕数圈加压包扎，加压的强度以达到止血又不影响血液循环为宜（老年人肢端温暖，且不出现青紫）。

2.包扎方法

伤口包扎的目的是保护伤口免受再污染，压迫止血、固定敷料、固定夹板及减轻疼痛。最常用的材料是绷带、三角巾等。紧急情况下可用清洁的毛巾、衣服、被单等代替。常用卷轴绷带包扎方法如下：

（1）环形包扎法：是最常用、最基本的绷带包扎方法，适用于绷带开始与结束时固定带端，包扎颈、腕、胸、腹等粗细相等部位的小伤口。

操作方法：

①将绷带做环行的重叠缠绕（不少于两圈）；

②下一圈将上一圈绷带完全遮盖；

③将绷带末端毛边反折，再用胶布或安全别针固定；或将带尾中间剪开分成两头，避开伤区打结固定；以下所有包扎均可采用这两种方式固定。

（2）螺旋形包扎法：用于包扎直径基本相同的部位如上臂、手指、躯干、大腿等。

操作方法：

①将绷带环行缠绕两圈；

②稍微倾斜（<30°），螺旋向上缠绕；

③每一周遮盖上一周的 1/3~1/2；

④将绷带再次环行缠绕两圈，固定。

（3）螺旋反折包扎法（折转法）：用于直径大小不等的部位如前臂、小腿等。

①将绷带环行缠绕两圈；

②稍微倾斜（<30°），螺旋向上缠绕；

③每周均把绷带向下反折，遮盖其上周的 1/3 ～ 1/2，反折部位应相同，使之成一直线。

④将绷带再次环行缠绕两圈，固定。注意不可在伤口上或骨隆突处反折。

（4）"8"字形包扎法：用于直径不一的部位或屈曲的关节如肘、肩、髋、膝等。

操作方法：

①屈曲关节后在关节远心端环形包扎两周；

②右手将绷带从右下越过关节向左上绷扎，绕过后面，再从右上（近心端）越过关节向左下绷扎，如此反复，使呈"8"字形，每圈覆盖上圈 1/3 ～ 1/2；包扎范

围为关节上 10cm、关节下 10cm；

③环形包扎两圈固定。

（三）实践技能操作

止血包扎法

【目的】

保护伤口免受污染，压迫止血，减轻疼痛。

【评估】

受伤部位、出血情况、老年人意识、情绪状态和配合程度。

【准备】

照护者准备：衣帽整齐、清洁、修剪指甲、洗手。

环境准备：环境整洁、温湿度适宜。

老年人准备：理解止血包扎的目的及配合要点；暴露受伤部位。

用物准备：无菌纱布、绷带、胶布、剪刀、消毒剂、棉签、记录单、笔。

【实施步骤】止血包扎法见 8-2。

表 8-2　止血包扎法

步　骤	操作内容	要点说明
步骤一	1. 立即报告医务人员或家属，或拨打急救电话	
步骤二	2. 携用物至老年人房间，将老年人移至床上或座椅上取舒适体位，肘部屈曲 90° 呈功能位	
步骤三	3. 用棉签蘸消毒剂自伤口边缘向外消毒皮肤	
步骤四	4. 用无菌纱布（或清洁手帕等）放在伤口正上方，覆盖伤口	
步骤五	5. 根据老年人情况采用螺旋反折包扎法对右前臂进行绷带包扎，使用时绷带卷轴在上	
步骤六	6. 包扎起始处应将绷带头压好，环形包扎两圈，以免松脱	
步骤七	7. 稍微倾斜（<30°），螺旋向上缠绕	
步骤八	8. 每周均把绷带向下反折，遮盖其上周的 1/3 ~ 1/2，反折部位应相同，使之成一直线	

续表

步　骤	操作内容	要点说明
步骤九	9. 将绷带再次环行缠绕两圈，固定	注意不可在伤口上或骨隆突处反折
步骤十	10. 随时巡视老年人情况，观察老年人伤口出血情况、纱布渗血情况、老年人包扎处皮肤反应，并了解老年人有无其他不适（见图 8-2）	注意观察肢端颜色、血运情况

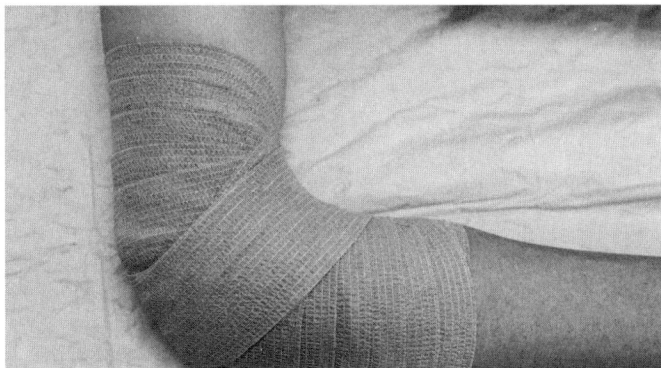

图 8-2　止血包扎法

【注意事项】

1. 操作时应小心、谨慎，不要触及伤口，以免加重疼痛或导致伤口出血及污染。

2. 包扎时如有皮肤皱褶处如腋下、乳下、腹股沟等，应用棉垫或纱布衬隔，骨隆突处也用棉垫保护。

3. 包扎方向为自下而上、由左向右，从远心端向近心端包扎，以利于静脉血回流。

4. 包扎时应松紧适宜，避免影响血液循环及松脱。

5. 包扎四肢应将指（趾）端外露，并观察皮肤血液循环。

6. 打结固定时，结应放在肢体的外侧面，忌在伤口、骨隆突或易受压部位打结。

　　徐爷爷，72 岁。由于地面积水不慎滑倒，摔倒时右侧手掌着地，右侧腕部剧痛难忍，大声呼叫照护者。照护者赶到现场问其摔伤情况，见右侧腕部呈"餐叉样"畸形，腕部皮肤无擦伤和伤口。老年人意识清楚，神色紧张，主诉右侧腕部剧痛难忍、肿胀。疑似腕部骨折，须包扎固定，其他无不适。

　　作为徐爷爷的照护者，应对其伤势进行初步处理。

　　思考：假如你是徐爷爷的照护者，此时你应如何处理？

三、疑似骨折的处理

（一）骨折的表现和特征

　　由于老年人骨细胞的分解速度逐渐超过了骨细胞的合成速度，使骨骼内部逐渐疏松、骨骼变脆，同时老年人肌腱硬化、肌肉萎缩，活动时韧带、肌肉等对自我保护和维持身体平衡的能力明显减低，因此老年人运动或跌倒时容易造成骨折损伤。

　　骨折就是指骨的完整性或连续性受到破坏。

　　1. 一般表现：局部疼痛、肿胀、青紫和功能障碍。

　　2. 特有体征：①局部畸形：骨折端移位可使患肢外形发生改变，主要表现为缩短、成角、延长。②异常运动：正常情况下肢体不能活动的部位，骨折后出现不正常的活动。③骨擦音或骨擦感：骨折后两骨折端相互摩擦撞击，可产生骨擦音或骨擦感。

　　以上三种体征只要发现其中之一即可确定为骨折，但未见此三种体征者也不能排除骨折的可能，如嵌插骨折、裂缝骨折。

（二）疑似骨折固定方法

　　老年人骨折后，在去医院就诊前，照护者可协助医务人员用夹板（见图 8-3）为老年人进行临时固定。固定的目的是防止骨折部位移动损伤血管、神经，减轻老年人的痛苦，防止进一步损伤及方便搬运。

　　1. 上肢前臂骨折固定法：两块夹板分别置于前臂掌侧和背侧（有棉衬垫的夹板可以直接用，没有棉衬垫的夹板需在皮肤上垫棉垫才可用），其长度超过肘关节至腕关节；如用一块则置于背侧，用绷带将两端固定，再用三角巾使肘关节屈曲 90° 悬吊在胸前。

2. 上肢肱骨骨折固定法：用长、短两块夹板，长夹板放于上臂的后外侧，短夹板置于前内侧；如用一块应置于外侧，随后在骨折部位上下两端固定，再用三角巾将上肢悬吊在肘关节屈曲 90°。

3. 大腿骨折固定法：使老年人平躺，踝关节保持在背屈 90° 位置。两块夹板分别置于下肢内、外侧或仅在下肢外侧放一块夹板，外侧夹板从腋下至足跟下 3cm，内侧夹板从腹股沟至足跟下 3cm，然后用绷带分段将夹板固定。

4. 小腿骨折固定法：用两块夹板分别置于下肢内、外侧，长度从足跟至大腿，用绷带分段扎牢。

（三）实践技能操作

疑似骨折固定法

【目的】

防止骨折部位移动损伤血管、神经，减轻老年人的痛苦；防止进一步损伤及方便搬运。

【评估】

环境安全、老年人意识、情绪状态和配合程度。

【准备】

照护者准备：衣帽整齐、清洁、修剪指甲、洗手。

环境准备：环境整洁、温湿度适宜。

老年人准备：理解骨折固定的目的、方法、注意事项及配合要点；患肢制动。

用物准备：绷带数卷、三角巾、胶布、剪刀、内衬有棉垫的夹板（或木板、木棍等）数个、记录单、笔。

【实施步骤】疑似骨折固定法见表 8-3。

表 8-3　疑似骨折固定法

步　骤	操作内容	要点说明
步骤一	1. 立即报告医务人员或家属，或拨打急救电话	
步骤二	2. 医护人员到场后，照护者协助医护人员将老年人移至床上或座椅上，取舒适体位	
步骤三	3. 取两块夹板分别置于患肢掌侧和背侧，其长度超过肘关节和腕关节	

续表

步　骤	操作内容	要点说明
步骤四	4. 配合医护人员采用绷带对老年人腕部夹板进行绷带固定	注意保持关节的功能位
步骤五	5. 将右侧肢体肘部屈曲 90° 放在三角巾上，然后将两个底角分别绕过颈左右两侧，在颈后打结	切忌固定过紧
步骤六	6. 随时观察并询问老年人有何不适（见图 8-3）	

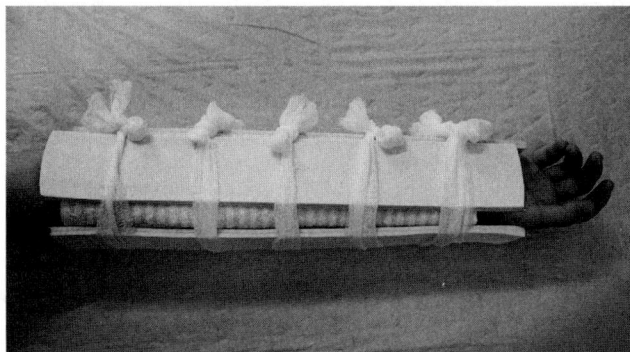

图 8-3　疑似骨折固定法

【注意事项】

1. 怀疑老年人骨折后，不可强制老年人进行各种活动，应先立即拨打就医电话并报告，待医护人员到场后，配合进行下一步处理。

2. 固定夹板的长度与宽度要与骨折的肢体相适应，其长度必须超过骨折的上、下两个关节。固定时除骨折部位上下两端外，还要固定上、下两个关节。

3. 固定应松紧适度，以免影响血液循环。

4. 如果夹板内侧没有内衬棉垫，则不可与皮肤直接接触，其间应垫棉花或其他物品，尤其在夹板两端、骨突出部位和悬空部位应加厚衬垫，防止受压或固定不妥。

5. 在处理开放性骨折时，不可把刺出的骨端送回伤口，以免造成感染。

6. 肢体骨折固定时，一定要将指（趾）端露出，以便随时观察末梢血液循环情况，如发现指（趾）端苍白、发冷、麻木、疼痛、浮肿或青紫，说明血运不良，应松开重新固定。

第二节　烫伤后的初步处理

学习目标

1. 了解老年人烫伤发生的原因。

2. 熟悉烫伤的概念、分度与表现。

3. 掌握烫伤的预防、应急处理与注意事项。

4. 能对烫伤后的老年人进行应急处理。

5. 态度认真，工作细致，有急救意识。

案例导入

　　张爷爷，85岁，患阿尔茨海默病3年。某日午餐时间，自行用微波炉加热食物。10分钟后突然听到李爷爷呼叫，同时听到饭盒摔在地上的声音。照护者急忙跑去查看，发现张爷爷站在厨房不知所措，甩着右手、跺着右脚。照护者边安慰张爷爷，边检查他的手脚，发现其右手和右脚被烫伤，立即进行紧急处理。

　　作为张爷爷的照护者，应对其伤势进行初步处理。

　　思考：假如你是张爷爷的照护者，此时你应如何处理？

一、概　述

　　烫伤是指由高温液体（沸汤、沸水、热油）、高温蒸气或高温固体（烧热的金属等）所致损伤，是烧伤中最常见的类型。老年人是烫伤的高危人群，重点在于预防烫伤，关键在于烫伤发生后立即采取正确的处理方法。

　　（一）烫伤的表现及预后

　　烫伤的表现及预后见表8-4。

表 8-4 烫伤的表现及预后

烫伤分度	局部症状、体征	损伤深度及预后
Ⅰ° 烫伤	局部红、肿、热、痛、烧灼感，无水疱	仅伤及表皮生发层 3～5 天愈合，不留瘢痕
浅 Ⅱ° 烫伤	水疱较大、创面底部肿胀发红，感觉过敏、剧痛	伤及真皮的乳头层 2 周可愈合，不留瘢痕
深 Ⅱ° 烫伤	水疱较小，皮温稍低，创面呈浅红或红白相间，感觉迟钝、微痛	伤及真皮深层 3～4 周愈合，留有瘢痕
Ⅲ° 烫伤	形成焦痂，创面无水疱、蜡白或焦黄，皮温低，感觉消失	伤及皮肤全层，达皮下肌肉、骨等 2～4 周焦痂分离，肉芽组织生长，形成瘢痕

（二）烫伤的预防

1. 老年人需掌握烤灯、湿热敷、热水坐浴等正确用法，不要随意调节仪器，必要时由照护者协助，尤其在老年人患有感觉、运动障碍时，更要高度关注和警惕烫伤的发生。

2. 指导老年人安全使用生活设施：沐浴时先开冷水再开热水，结束时先关热水后关冷水；热水瓶放在固定或者房间的角落等不易碰倒的地方；房间内若需要使用蚊香时，将蚊香专用器放在安全的地方；使用电器时，反复告知注意事项，并定期检查电器是否完好。

3. 饮食方面：喝热汤或热水时，提前放至温凉，必要时向老年人说明。

二、烫伤的应急处理

【目的】
迅速脱离热源，减轻损害及疼痛，防止感染。

【评估】
烫伤部位和程度、老年人意识、情绪状态和配合程度。

【准备】
照护者准备：洗手并用干净毛巾擦干，戴口罩。

环境准备：光线充足、室内安静。

老年人准备：离开危险现场，取舒适体位。

用物准备：凉水、一次性医用冰袋、冷敷标签、毛巾、记录单、笔、剪刀。

【实施步骤】烫伤的应急处理见表8-5。

表8-5　烫伤的应急处理

烫伤分度	步　骤	操作程序	要点说明
I° 烫伤	步骤一	立即将伤处浸在凉水中进行"冷却治疗"，如有冰块，把冰块敷于伤处效果更佳，"冷却"超过30分钟	
	步骤二	若烫伤部位不是手或足，不能将伤处浸泡在冷水中"冷却治疗"时，则可将受伤部位用毛巾包好，再在毛巾上浇水，或用冰块敷效果最佳	
	步骤三	遵医嘱用烫伤膏涂抹于患处	切勿用酱油、牙膏、肥皂等"民间土方"涂抹伤处，以免贻误病情甚至导致感染等不良后果
II° 烫伤	步骤一	"冷却治疗"保护水疱，并立即报告，迅速就医。口诀：降温止痛防感染，保护水疱送医院	
	步骤二	若伤处水疱已破，不可浸泡，以防感染。可用无菌纱布或干净手帕包裹冰块，冷敷伤处周围，立即就医	
III° 烫伤	步骤一	立即用清洁的被单或衣服简单包扎，避免感染和再次损伤。创面不要涂擦药物，保持清洁，立即报告，迅速就医	
	步骤二	如发现老年人出现面色苍白、神志不清甚至昏迷，应及时拨打急救电话"120"	

【注意事项】

1.老年人烫伤后应迅速脱离热源，以免继续损伤。

2.若穿着衣服或鞋袜部位被烫伤，切勿急忙脱去被烫部位的鞋袜或衣裤，以免造成表皮拉脱，应先用冷水直接浇到伤处及周围，然后脱去鞋袜或衣裤。

3."冷却治疗"在烫伤后要立即进行，浸泡时间越早、水温越低，效果越好，因为烫伤后5分钟内烫伤的余热还在继续损伤皮肤。但水温不能低于5℃，以免冻伤。

4.冬天须注意身体其他部位的保暖。

第三节　食物、异物卡喉的应急处理

学习目标

1. 了解老年人食物异物卡喉的常见原因。

2. 熟悉喉头或气管异物（异物卡喉）常见原因、识别与危害。

3. 熟悉海姆立克急救法的原理。

4. 掌握海姆立克急救法的方法。

5. 掌握海姆立克急救法的注意事项。

6. 能用海姆立克急救法对食物异物卡喉的老年人进行急救处理。

7. 态度认真，有急救意识。

案例导入

　　尤爷爷，80岁，中度认知障碍(阿尔茨海默病)。某日午餐，不慎将花生米卡在了喉部，脸涨得通红，随即面色青紫、双眼圆瞪、双手乱抓喉部，表情极为痛苦。一旁的照护者立即判断老年人发生了异物卡喉（噎食、气道异物），并利用在急救培训课上学到的技能沉着冷静地进行紧急救助。

　　作为尤爷爷的照护者，应对此进行紧急处理。

　　思考：假如你是尤爷爷的照护者，此时你应如何进行紧急救助？

一、概　述

　　喉头或气管异物(异物卡喉)简称气道异物，常见于老年人和儿童，某些疾病(如精神病、阿尔茨海默病等)患者也较易发生，尤其抢食或暴食者、边进食边从事某些活动者更易发生。一旦发生气道异物，极易导致窒息而危及生命。因此，居家照护者应掌握海姆立克急救法等气道异物的紧急救助技术。

（一）喉头或气管异物（异物卡喉）常见原因

1. 抢食和暴食者。多见于精神障碍的患者、中重度阿尔茨海默病患者。其原因多是服用抗精神病药物发生锥体外系副反应，出现吞咽肌运动不协调而使食物卡住咽喉甚至误入气管。

预防噎食要点：进食时随时提醒老年人细嚼慢咽；对不能自行进食者，必须把固体食物切成小块，喂饭时确认上一口已经完全咽下才能喂下一口，切不可操之过急。尤其在吃汤圆、水饺、年糕等滑溜或黏性食物时要注意，千万不要整个放在老年人口中，最好不吃此类食物。

2. 药物不良反应或癫痫。在进食时抽搐发作或药物反应致咽喉肌运动失调所致。

3. 边讲话嬉笑边进食进水，尤其是边说笑边食用坚果、果仁、糖块、甜果冻等细小或光滑的食物时，容易使食物通过开放的会厌软骨处滑入喉头甚至气管，导致卡喉。

预防异物进入气道的要点：避免进食进水时说笑、走路、玩耍或做其他运动，不要口含小、圆、滑的物品如硬币、弹球、纽扣等。

（二）喉头或气管异物（异物卡喉）的识别

1. 异物卡住喉头甚至进入气管后，如果部分堵塞气道，可出现突然呛咳、不能发音、喘鸣、呼吸困难、面色口唇紫绀等。双眼圆瞪、双手掐住喉部，表情痛苦、恐怖，伴有濒死感。

2. 异物进入气道后，严重者可完全堵塞气道，迅速出现窒息，导致意识丧失，甚至呼吸、心跳骤停。

（三）喉头或气管异物（异物卡喉）的危害

不管是异物卡喉，还是呕吐物误吸或痰液堵塞，都会造成老年人严重呼吸困难甚至窒息，可很快因严重缺氧而威胁生命，必须在数分钟内紧急清除进入喉头或气管的异物，恢复呼吸道通畅。

二、食物、异物卡喉的应急处理

（一）海姆立克急救法

当异物进入气道时，应立即采用海姆立克急救法（Heimlich Maneuver，也称为海氏手技、海氏冲击法）进行抢救，紧急排除进入气道的异物，保持呼吸道通畅。

如果将人的肺部设想成一个气球，气管就是气球的气嘴儿，假如气嘴儿被阻塞，可以用手快速捏挤气球，气球受压球内空气上移，从而将出口的阻塞物冲出。

海姆立克急救法的具体原理是：照护者环抱老年人，向其上腹部快速施压，造成膈肌突然上升，胸腔压力骤然增加。由于胸腔是密闭的，只有气管一个开口，故气管和肺内的大量气体（450～500毫升）就会突然涌向气管，将异物冲出，恢复气道通畅。该法被称为"生命的拥抱"或"人工咳嗽"。

（二）实践技能操作

【目的】

紧急排除进入气道的异物，保持呼吸道通畅。

【评估】

老年人身体情况、老年人意识、能否站立或坐起。

【准备】

照护者准备：站于清醒老年人身后或双腿跪于昏迷老年人大腿两侧。

环境准备：光线充足，室内安静。

老年人准备：清醒者站在照护者身前，倾身向前，头部略低、张嘴；昏迷者取仰卧位。

【实施步骤】海姆立克急救法见表8-6。

表8-6　海姆立克急救法

	步　骤	操作内容	要点说明
清醒老年人	步骤一	若老年人咳嗽或照护者无法用手指取出喉部异物，则应紧急采取海姆立克急救法，帮助老年人去除气道异物	
	步骤二	老年人取站立位或坐位	
	步骤三	照护者站在老年人身后，双臂分别从两腋下前伸并环抱老年人，一手握拳于脐上方，另一手从前方握住手腕，双手向后、向上快速地用力挤压，迫使其上腹部下陷。反复实施，直至阻塞物排出为止（见图8-4）	注意速度要快、有力

	步　骤	操作内容	要点说明
意识不清醒的老年人	步骤一	不能站立的老年人，就地仰卧，照护人员两腿分开跪于其大腿外侧，双手叠放用手掌根顶住腹部（脐部上方），有冲击性地、快速地向后上方压迫，然后打开下颌，如异物已被冲出，迅速掏出清理	

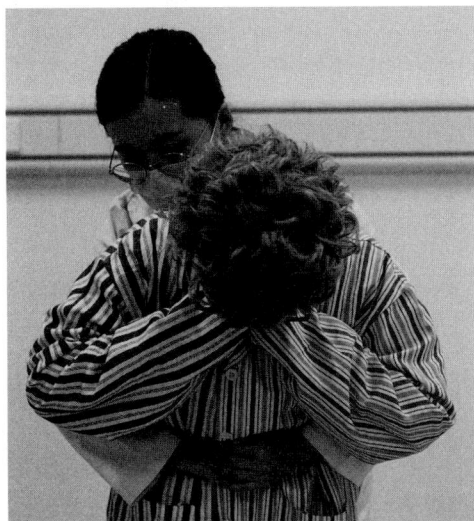

图 8-4　海姆立克急救法 1

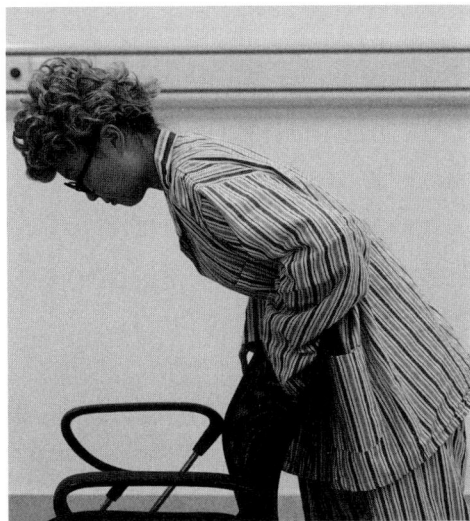

图 8-5　海姆立克急救法 2

【注意事项】

1. 老年人发生呼吸道堵塞时，首先用手指抠出或其他方法排除异物，在无效且情况紧急时才用海姆立克法急救。因老年人胸腹部组织的弹性及顺应性差，故易致腹部或胸腔内脏破裂及出血、肋骨骨折等，故需严格把握冲击力度。

2. 在平时的健康教育中，可告知老年人若发生噎食且身边无人时，可自己用力咳嗽，也可自己实施腹部冲击（手法同海姆立克急救法）；或将上腹部压向任何坚硬、突出的物体（如椅背等）上，并且反复实施（见图 8-5）。

3. 对于极度肥胖的噎食老年人，应采用胸部冲击法，姿势不变，将左手的虎口贴在胸骨下端，不要偏离胸骨，以免造成肋骨骨折。若老年人已经发生心脏骤停，清除气道异物后立即实施心肺复苏。

第四节 心脏骤停的急救

学习目标

1. 了解老年人发生心脏骤停的高危因素。

2. 熟悉心跳、呼吸骤停的危害。

3. 掌握心脏骤停的判断方法。

4. 掌握心肺复苏的操作方法。

5. 掌握心肺复苏效果评估方法。

6. 掌握心肺复苏的注意事项。

7. 能用心肺复苏的方法对心跳、呼吸骤停的老年人进行急救处理。

8. 态度认真,有急救意识。

案例导入

　　宋奶奶,80岁,上午在活动时因未站稳而突然摔倒。一旁的照护者立即跑到宋奶奶身边,发现宋奶奶呼之不应,面色紫绀,未能看到胸廓起伏,掐人中没有反应。照护者初步判断宋奶奶可能发生了心脏骤停,需立即心肺复苏。

　　作为宋奶奶的照护者,应对此进行紧急处理。

　　思考:假如你是宋奶奶的照护者,此时你应如何进行紧急救助?

一、心跳、呼吸骤停的判断

(一)概　述

　　心脏骤停是最危急的情况,发生于各种严重疾病(如心脑血管疾病、中毒等),也见于各种严重损伤等意外,在老年人中更常见。若不能及时施救,生命将难以挽回。因此,第一目击者(在发现心脏骤停者时,现场第一个做出反应、采取急救措施的人,他可以不是医务工作者,而是身处现场的每一个人)的紧急救助尤其重要,每一位公民都有必要掌握心脏骤停的现场复苏技术,为下一步的抢救赢得宝贵的时间。居家养老照护者更应掌握这一技能。

（二）心脏骤停及判断

1. 心脏骤停及其表现

心脏骤停是指各种原因引起的心脏突然停止跳动，丧失泵血功能，导致全身各组织严重缺血、缺氧。主要表现为意识突然丧失、大动脉搏动消失、呼吸停止、瞳孔散大等。

2. 心脏骤停的基本判断方法

一呼：突然意识丧失，呼之不应。

二摸：心跳及大动脉（颈动脉或股动脉）搏动消失。最常在气管（喉结）旁开1～2cm（气管与胸锁乳突肌中间的凹陷中）触摸颈动脉搏动以判断心跳是否存在。

三看：呼吸停止，看胸廓有无起伏。

四照：瞳孔散大，对光反射消失。用手电筒观察患者瞳孔对光反射。

只要存在意识丧失与大动脉搏动消失这两个征象，即可判断为心脏骤停，应立即行心肺复苏。切忌对怀疑心脏骤停的人反复测量血压和听诊心音，或等待心电图而贻误抢救时机。

（三）心肺复苏及其成功标志

1. 心肺复苏及其基本措施

心肺复苏术（Cardiac Pulmonary Resuscitation，CPR）是针对心跳和呼吸骤停的伤者所采取的抢救措施，方法包括胸外心脏按压、人工呼吸、快速除颤等，目的是尽快使患者恢复有效通气和循环，维持脑的灌注，最终减轻脑组织长时间缺血、缺氧导致的损害。

一般情况下，机体完全缺血缺氧4～6分钟后脑细胞就会发生不可逆转的损伤，因此，这段黄金救援期特别重要。

心搏骤停1分钟内实施CPR——成功率＞90%；

心搏骤停4分钟内实施CPR——成功率约60%；

心搏骤停6分钟内实施CPR——成功率约40%；

心搏骤停8分钟实施CPR——成功率约20%；

心搏骤停10分钟实施CPR成功率几乎为0。

不管心脏骤停发生在何地方，第一目击者对伤者进行及时、有效的急救处理都有希望救人一命——时间就是生命。

判断心搏、呼吸停止后，CPR 分三个步骤：迅速建立有效循环（Circulation，C）、通畅呼吸道（Airway，A）和人工呼吸（Breathing，B），即 CPR 的 CAB 三个环节。

2. 心肺复苏成功的标志

经过 5 个循环的胸外心脏按压及人工呼吸后，专业人员通过以下征象判断患者复苏成功：颈动脉和自主呼吸恢复，面色转红润，睫毛反射恢复，瞳孔由大变小，肢端转暖，肢体出现活动等。

二、心跳、呼吸骤停的急救

（一）实践技能操作

心肺复苏

【目的】

尽快使患者恢复有效通气和循环，维持脑的灌注。

【评估与呼救】

环境安全：远离灾害现场等危险环境。

救治能力：评估自身救助能力。

意识丧失：轻拍并在患者两耳边大声呼叫，无反应。

紧急求助：指定人员拨打急救电话"120"。

【准备】

照护者准备：衣帽整齐、清洁、修剪指甲、洗手。

环境准备：观察周围环境安全。

老年人准备：仰卧于床上，头部与心脏保持同一水平。

用物准备：按压板、脚凳。

【实施步骤】心肺复苏法见表 8-7。

表 8-7　心肺复苏法

	步　骤	操作内容	要点说明
安置体位	步骤一	1. 照护者使老年人仰卧于硬质平面。若在软床上，胸下必须垫一整块木板	颈部无损伤者，需要翻转成仰卧位，注意保护头部：保持头、颈、躯干在同一轴线上，照护者一手于后脑固定患者颈椎，一手绕过患者腋下固定肩膀翻身 怀疑有头颈、脊椎外伤者不宜搬动，以免造成二次损伤
心肺评估	步骤一	1. 照护者跪于老年人右侧，双腿分开与肩同宽	观察呼吸，胸廓一起一伏为一次
	步骤二	2. 评估呼吸与颈动脉搏动：解开衣领、腰带等，观察老年人胸腹部有无起伏，同时触摸同侧颈动脉有无搏动，计时小于 10 秒	
胸外心脏按压	步骤一	按压部位：胸骨中下 1/3 交界处，位于两乳头连线中点处	1. 按压强调"用力按、快速按、不间断"
	步骤二	按压姿势：照护者跪于老年人右侧，一手掌根放于胸骨，另一手平行重叠压在其手背，十指相扣，手指尽量翘起。有节奏地连续按压 30 次	2. 按压部位必须正确，否则会导致肋骨骨折、损伤大血管或胃内容物反流等后果
	步骤三	按压深度：成人胸骨下陷 5～6cm	胸外心脏按压时，必须肘关节伸直，掌根用力，手指翘起不贴胸壁，倾身向前，用身体的力量垂直下压，然后迅速放松，使胸廓充分回弹，但掌根不离开胸壁
	步骤四	按压频率：成人 100～120 次/分钟，节律均匀（按压：胸廓回弹时间=1:1）	按压频率适宜，在 15～18 秒钟内完成 30 次按压
开放气道	步骤一	清理气道：将头偏向一侧检查口鼻腔内有无异物，取出活动假牙及异物	开放气道时，抬下颌的手指切勿压迫气管，应置于一侧下颌角处。抬起下颌使鼻孔朝天（下颌与耳垂连线与水平面垂直）
	步骤二	开放气道：仰头抬颌法，左手肘关节着地，手掌小鱼际置于老年人前额，用力向后压，使其头部后仰，右手食指和中指置于下颌，将颏部向前上方抬起	

179

续表

	步　骤	操作内容	要点说明
人工呼吸	步骤一	吹气动作：用压于老年人前额手的拇指和食指捏住其两侧鼻翼，正常吸气后充分张嘴完全包住老年人口腔并密合，缓缓吹气1秒以上，同时眼睛余光观察胸廓明显上抬；放开捏鼻手，胸廓自然回落后第二次吹气，连续吹气2次	要求：每次吹气量500～600ml，眼睛余光能看到胸廓明显起伏，吹气（老年人吸气）时间超过1秒 单人复苏按压与通气比例为30：2，即连续按压30次后，接着进行2次人工呼吸，连续操作5个循环后迅速判断复苏效果 若旁边有AED（自动体外除颤仪），请优先使用
操作后	步骤一	再次评估老年人的颈动脉和自主呼吸，以及面色、瞳孔、肢端温度等，整理衣物，将头偏向一侧，安慰老年人，予以心理支持和人文关怀，等待救护车到来	实施救治过程中，老年人有苏醒迹象即表明复苏成功

心肺复苏

【注意事项】

1. 若对触电者进行心肺复苏时，应及时切断电源或用干木棒挑开电线。

2. 照护者做好自身防护措施。

3. 判断老年人意识时，禁止摇晃老年人身体。

4. 有条件时，取自动除颤仪（AED）使用。

第九章

居家心理支持与疏导

第一节　老年人的心理特征与影响因素

学习目标

1. 了解老年人不良情绪的分类。
2. 熟悉影响老年人心理变化的因素。

案例导入

陈爷爷，68岁，因车祸致双下肢截肢7个月。现行动不便，情绪不稳，烦躁不安，易怒，自卑自责，担心日后生活不能自理，对前途失去信心，对于该老年人必须采取正确的心理支持与疏导方法，消除或控制一切不利于身心的消极影响。

思考：现老年人出现了何种心理状态？如何正确对其进行心理支持与疏导？

心理支持与疏导是照护者运用康复心理学的理论与方法，研究康复老年人的心理和社会问题，对老年人心理进行评估、诊断与疏导，以提高老年人心理健康水平的技术，其目的是通过心理学的手段，协助病、伤、残者应对和处理身体的、情绪的、家庭的、职业的、社会的问题，从而帮助老年人达到理想的心理状态、身体状态和社会功能状态。

一、老年人的心理特征

由于生理功能的衰退，老年人的大脑功能也有一定程度的退化。漫长而丰富的生活经历使老年人形成了一些对事物的固定看法，晚年由于家庭及社会环境变迁等因素的影响，老年人的心理状况也会发生改变。老年人心理特征主要表现为：

1. **自我意识强**　常以自我为中心，要求被重视、受尊敬；思维方式刻板、固执，偏爱以往习惯，难以接受新事物，社会适应能力减退。

2. **猜疑、嫉妒**　对周围人不信任感增强，计较别人的言谈举止，严重者会认为别人居心叵测。60 岁以上的老年人，往往因固执刻板，个性执拗，其心理特点已从对外界事物的关心转向自己的躯体，并且主观感觉加强，所以常会出现疑病症状。

3. **焦虑、抑郁**　随着逐渐衰老，精神情感变化日益明显，易出现焦虑抑郁情绪，常伴有自责，遇事缺少进取态度。

4. **性格内向、怪癖**　因退休而社会交往减少，不愿与外界联系，常待在家里，有的甚至心胸狭窄，十分吝啬。

5. **情绪多变**　当脑组织老化或患有某些脑部疾病时，常有明显的情绪变化，表现为容易勃然大怒，失去自我控制，难以平静下来等。

6. **担心死亡**　由于亲友、配偶逐渐去世，慢慢感到孤独空虚，年龄越大，担心死亡的情绪就越强烈。

二、老年人心理变化的影响因素

1. 生理因素

（1）生理功能衰退：人体各器官功能随着年龄的增长逐渐衰退，生理功能下降、体弱多病、行动不便，必然对心理健康有所影响，常表现为精力不足、消极心态、记忆力下降等。

（2）疾病的影响：躯体疾病对心理可造成直接或间接的影响，引起神经、精神症状以及异常的心理变化。

（3）营养缺乏：人体正常功能的发挥与营养物质的供给密不可分。如脑细胞对糖及蛋白质的需求量明显高于其他组织细胞；B 族维生素缺乏时，会影响脑脊髓及外周神经而出现精神症状。因此，保证营养的供给，也是增进老年人心理健康的重要措施。

2. 环境因素

（1）社会因素：社会角色的转变，尤其是离退休老年人，离开了自己热爱的事业，容易产生失落和孤独感，从而增加了心理负荷。

（2）家庭因素：家庭生活质量的好坏直接影响老年人的生活质量，特别是丧偶、再婚、家庭不和的老年人，经常会遇到一些生活方面的实际问题，以至造成心理负担过重。

（3）生活因素：老年人离退休后，常由于无所事事而感到孤独、空虚、意志薄弱，甚至逐渐懒散，造成衰老加速。有的老年人养成长期吸烟、嗜酒，饮食过甜、过咸、过腻等不良习惯，从而导致人体内环境稳定性和自我修复能力减退而引发疾病。

第二节　老年人常见的不良情绪

⊙ 学习目标

1. 掌握老年人抑郁、焦虑、恐惧、孤独的概念、表现和护理。
2. 熟悉老年人抑郁、焦虑、恐惧、孤独的病因。

案例导入

　　李奶奶，69 岁。半年前出现失眠，有时整夜睡不着觉、食欲下降、情绪低落，整天担心孩子及家人的生活，有时坐立不安、心慌、口干、烦躁、易怒，曾企图自杀未遂。

　　思考：现老年人出现了何种不良情绪？如何正确对其进行心理疏导？

一、老年抑郁的病因、表现与护理

（一）老年抑郁的概念

抑郁感是指个体因目标追求受挫折而悲观失望时所产生的一种心理体验。老年人在漫漫的人生道路上经历过种种坎坷，对社会上某些不尽人意的现象而忧心忡忡，对自己身体的某些不适迟迟不能排除而担忧疑惑，对得不到子女和周围人的理解和体谅而郁闷伤感。轻度的抑郁，使得老年人对周围的一切不予关注，缺乏兴趣，或常有莫名的烦恼和不快，但这些现象只要不再受到新的刺激会自行消失。严重的抑郁症应及时求医治疗。

老年抑郁症是指发生在老年期以持久的抑郁心境为主的情绪障碍。主要在65岁以上的老年人中较为常见，当前老年人患抑郁症的人数不断增加，给老年人和家属带来极大痛苦。

（二）老年抑郁的病因

老年抑郁与家族遗传性格因素有关，还与心理社会因素关系密切，老年人家庭出现重大负性生活事件、亲人亡故、重大经济损失、意外灾害，常为抑郁障碍的致病因素。家庭破裂、失业、慢性躯体疾病如癌症、心衰等也能诱发抑郁症，研究证明老年人由于大脑功能减退，承受能力下降，更易患抑郁症。

（三）老年抑郁的表现

1.躯体症状　老年人的抑郁症状常表现为表述不确切、易变的躯体症状，如睡眠障碍、食欲缺乏、胸闷气短、腹痛、腹胀、周身麻木或刺痛感等。老年人对这些症状会做出疑病性解释，产生疑病观念和妄想而感到不安。

2.焦虑情绪　因老年人无法准确表达出自己的不适症状或因疑病行为而让人误解，或难以忍受疾病的折磨等，会出现焦虑、烦躁、易激惹。严重时可出现激越性，表现为终日恐慌、坐卧不安、夜不能眠，对环境中的一切事物均无兴趣，甚至出现冲动性自杀行为。

3.抑郁性假性痴呆　老年人因思维迟缓、记忆力减退以及精神运动迟滞，可出现较明显的认知功能损害症状，类似痴呆表现，即为抑郁性假性痴呆，经过抗抑郁治疗可改善。

4.自杀危险大　老年期抑郁症的老年人自杀危险率比其他年龄组大，而且很坚决。

（四）老年抑郁的护理

1.安全护理　照护者应加强责任心，注意老年人的安全，因疾病易导致老年人出现自杀观念、自杀行为，家属也应积极配合，严防老年人消极自杀。

2.环境护理　应让抑郁症老年人住在易观察，设施安全，光线明亮、整洁舒适、适合休养的房间。墙上以色彩明快为主，且挂上壁画和适量鲜花调动老年人的积极良好的情绪和对生活的热爱。

3. 活动护理　避免让老年人单独活动，可陪伴老年人参加各种团体活动，如工娱疗法，在与老年人接触中应能识别老年人自杀倾向，避免意外发生。

4. 治疗疾病　积极治疗慢性躯体疾病，如慢性支气管炎，心脏病等，以预防因躯体长期不适诱发抑郁症。

5. 睡眠护理　抑郁症老年人常出现入睡困难、早醒等，照护者应鼓励老年人白天多参加文娱活动，如打球、下棋、唱歌、跳舞等活动，晚间入睡前热水泡脚或沐浴以利于入睡和提高睡眠质量。

6. 饮食护理　抑郁症老年人容易出现食欲不振、便秘，故应选择老年人平时喜欢的食物并要富含粗纤维，可陪伴老年人用餐或少量多餐。

7. 心理护理　鼓励老年人抒发自己的想法，调动老年人情绪，阻断负向思考，并学习新的应对技巧，以增强老年人的适应性行为反应，鼓励其多参加社会活动、文娱活动，多与外界接触，做些力所能及的事转移痛苦，尽快从悲哀痛苦的阴影中恢复出来。

8. 药物护理　三环类抗抑郁药物，如丙米嗪、氯丙米嗪、阿米替林等都是临床上常用的抗抑郁药物，麦普替林等四环类抗抑郁药物的抗胆碱能和心血管副作用较三环类药物小，米安舍林等新型非典型抗抑郁药副作用小、安全性大，对老年人伴躯体疾病尤其适用。苯乙肼、环苯丙胺等单胺氧化酶抑制剂，也有较好的抗抑郁效果，严重抑郁、有强烈自杀观念和企图、木僵或抗抑郁药物治疗无明显效果的老年人可采用电休克治疗。

二、老年焦虑的病因、表现与护理

（一）老年焦虑症的定义

老年期焦虑症是指发生在老年期的以广泛和持续性焦虑或反复发作的惊恐不安为主要特征的疾病，常伴有自主神经紊乱、肌肉紧张与运动性不安的神经症性障碍。

（二）老年焦虑症的病因

有关焦虑症的病因和发病机制目前尚不清楚，遗传、生物、心理、社会因素在焦虑症发病中可能都起一定的作用。

（三）老年焦虑症的表现

临床上分为广泛性焦虑和惊恐发作。

1. 广泛性焦虑　又称慢性焦虑症。是焦虑症最常见的表现形式。起病缓慢，以经常或持续存在的焦虑为主要临床表现，常伴有自主神经紊乱与运动性不安。

2. 惊恐发作　又称急性焦虑症。老年人在日常生活中无特殊的恐惧性处境时，突然感到一种突如其来的惊恐体验，伴濒死感或失控感以及严重的自主神经功能紊乱。通常起病急，终止迅速，发作期间始终意识清楚，高度警觉，发作后仍心有余悸。

（四）老年焦虑症的护理

（1）心理护理。理解老年人焦虑心态，协助其正确认识，缓解其对健康的过分担忧。应用各种方法，分散老年人的注意力，减轻紧张情绪，如听音乐、全身肌肉放松等；通过心理疏导，帮助老年人尽快适应新生活、新角色。

（2）鼓励老年人做一些力所能及的事情，以提高其生活自理能力。

（3）为老年人创建安全和舒适的环境，严重惊恐发作时，专人看护，防止受伤。

（4）定期进行健康检查，做到早期发现、早期治疗，尽量减轻疾病对身心健康的损害；指导老年人对生理性老化做好充分的思想准备，解除心理压力。

三、老年恐惧的护理

（一）恐惧的定义

恐惧是指个体对一种明确的危险来源所引起的恐惧感，老年人多表现为惧怕、受惊、逃避、失控等，同时也有退缩的行为。

（二）恐惧的护理

（1）照护者对老年人应采用温柔的、礼貌得体的语言，以动情、体贴入微的照顾护理行为感化老年人，使他们心理上得到温暖，以缓解老年人的恐惧心理。

（2）为重视提高老年人的治疗效果，照护者应耐心介绍每项检查和手术等的目的和注意点，以熟练的护理操作技术，取得老年人的合作、配合和信任。

（3）注重精心的生活护理，住院期间照护者要深入病房床边，做好基础护理，加强安全设施，帮助老年人回到家中后，继续进行康复医疗的护理和锻炼。

四、老年孤独的原因、表现与护理

孤独是一种有了心理话无处倾诉、无依无靠，无人应答的感受，是一种不被他人接纳、被疏远、被抛弃的情绪体验。孤独感在老年人中非常常见，上海一项调查发现，60～70岁的人中有孤独感的占 1/3 左右，80 岁以上者占 60% 左右。孤独可使人的思考能力和判断能力下降，反应迟钝，加速衰老，容易发展成为老年痴呆。孤独感如果长期存在，得不到有效的消除，将严重影响老年人对未来生活的向往，逐渐失去生活的乐趣，引起情绪反复无常，导致思维迟钝闭塞，危害身心健康。因此，解除老年人孤独感是不容忽视的社会问题。

（一）老年人孤独的原因

1. 生活模式改变　老年人离退休后，在确立新的目标追求、恰当安排老年生活之前，从整天繁忙、时间紧迫转为闲居在家，时间宽裕，会因不习惯而产生失落感和孤独感。

2. 空巢家庭或丧偶　目前我国的家庭结构已经从"四代同堂"的大家庭中分化出来，成为"两代同堂"或"小夫妻"型家庭结构，子女婚后大多离长辈而去，难得一聚。人到老年，子女长大，不是忙于学习或工作，就是已结婚成家，往日热闹、愉快的家庭氛围多被冷清、寂静所代替等，这些也成为加重离退休老年人孤独感的原因。

3. 个人性格原因　部分老年人性格偏内向，随着肌体的衰老，性格也变得偏执古怪、自私、吝啬，与人难以相处。这种孤独不仅自己痛苦，还会让全家人的幸福指数大打折扣。

（二）老年人孤独的表现

孤独寂寞、社会活动减少会使老年人产生伤感、抑郁情绪，从而情绪低沉、精神空虚、心情烦躁、郁郁寡欢、萎靡不振、焦虑不安，还会出现头昏头痛、四肢无力、消化不良、周身不适、心悸失眠等症状，有时候常偷偷哭泣，顾影自怜，若是有慢性疾病或行动不便时，上述消极感会明显加重，久而久之，机体免疫功能降低，容易导致躯体疾病。有的老年人会因孤独而转化为抑郁症，甚至出现活着受罪、生不如死的自杀倾向。

（三）老年人孤独的预防与护理

1. 丰富内在精神生活　读书、写作、书法、绘画……每一样都有学不完的知识技能，都能为老年人打开一扇窗，让老年人看到绚丽多彩的世界。把自己喜欢的事情当作事业来做，有利于培养积极向上的精神追求，使自己保持愉快的心情、旺盛的精力、健康的体魄。老年人在过去几十年的工作中，由于忙碌，无暇顾及自己的兴趣和爱好，离退休后可以充分地在自己感兴趣的领域中施展才华，并以此来充实自己，同时多参加社会活动，使自己融合于群体中，通过交流技艺和感情，消除失落感和孤独感。

2. 保持健康的生活规律和习惯　离退休老年人，因为摆脱了忙碌的工作，进入一个轻松自由的休养环境，生活会变得不规律。规律的生活对人的身心健康十分重要，老年人也不例外。所以，离退休后的老年人也需要给自己安排一个切实可行的作息时间表，将生活安排得井井有条，有益身心健康。

3. 每天坚持适量运动　运动锻炼已经成为促进老年人心理适应能力的良好形式。运动可以让人产生内啡肽，这是一种快乐激素，内啡肽产生就会让人觉得快乐，老年人应每天坚持体育锻炼一个小时左右，结伴散步，简单易行，效果不错。运动还可以提高心理健康，调整积极的情绪，消除精神压力和孤独感。老年人运动的时候，往往是跟老朋友、老邻居、老街坊一起，这本身就可以互相交流，这样就会带来更好的情绪排解孤独。

4. 争取再社会化　照护者应鼓励老年人积极参与社会，适量地参加各种力所能及的有益于社会和家人的活动。在活动中扩大社会交往，做到老有所为，既可消除孤独与寂寞，更从心理上获得生活价值感的满足，增添生活乐趣。对于离开工作岗位而尚有工作能力和学习要求的老年人，各级政府和社会要为他们创造工作和学习的机会。社区应经常组织适合老年人的各种文体活动，如广场交谊舞、打腰鼓、书画剪纸比赛等，鼓励老年人积极参加；对于卧病在床、行动不便的老年人，社区应派工作人员定期上门探望。

5. 子女注重赡养　子女应尽自己赡养老人的责任，让老年人享受儿孙绕膝、晚辈嘘寒问暖的天伦之乐，和父母住同一城镇的子女，与父母家的距离最好不要太远；身在异地的子女，除了托人照顾父母，更要注重对父母的精神赡养，尽量常回家看望老年人。

6. 开展心理教育和训练　要向老年人宣传保持愉快的心理状态可增强机体对疾病的抵抗力，延年益寿，以解除他们心理上的压力。鼓励他们从心理上振作起来，增强战胜疾病的信心，同时通过心理教育，使老年人能认识到离退休这一自然规律，一定要消除"无用"的悲观心理及消极情绪。

第三节　老年人不良情绪的疏导

学习目标

1. 掌握老年人不良情绪疏导的原则和方法。
2. 在各项操作中严格遵守操作规程。
3. 操作态度认真，工作细致。

案例导入

孙爷爷是国家机关的退休干部，在职时他忘我地工作，勤勤恳恳地操劳了几十年，他的辛苦得到了回报，工作上的事情一切都让他感到很欣慰，可是他已经到了退休的年龄，而且上级领导考虑到他的身体状况安排其退休了。刚退休时，他很不习惯，每天仍是很早的起床，匆匆吃完早饭，拎上公文包就往外跑。每次都是老伴提醒他："我说老头子，你可是已经退休了啊！"他才恍然大悟地回过神来，接着便颓然坐在沙发上，一言不发，情绪一落千丈。

思考：现在孙爷爷出现了何种情况？如何对其情绪进行劝慰和疏导？

一、心理疏导原则

1. 以人为本　根据老年人的需要，照护者要充分调动其主观能动性，尽可能发现并发挥老年人的潜能，以其功能的恢复为最终目标，一切护理措施只要是老年人需要的，并征得其同意，都应尽可能满足。

2. 多交往与沟通　照护者通过与老年人的交往与沟通来实现心理疏导，真诚友好地交往与沟通是增进彼此之间感情的纽带。照护者要运用人际交往的技巧，耐心倾听老年人内心所想，稳定老年人情绪，取得其信任，让老年人感到安全、安慰和心理放松，减轻其内心的痛苦。

3. 公平与平等　充分尊重老年人的人格，不论其职务高低、年龄大小、贫富与否都要一视同仁，公平对待，为老年人创造良好和谐的社会环境和心理环境。

4. 全面照护　人与社会、人与自然、人体内外之间是相互影响和协调的。随着年龄增长，功能的缺失，这种协调会受到破坏，使老年人对社会和自然的适应性下降，因此，照护者要为老年人重建身心平衡，不仅要提高老年人的生活质量，更重要的是要提高老年人对社会与环境的适应能力。

5. 因人施护　不同的老年人有着不同的心理问题，同样的心理问题在不同的老年人身上又会有不同的反映，照护者要针对这些情况，用不同的方法去了解老年人的心理变化，采用不同的心理支持措施去疏导老年人，做到有的放矢。

6. 保密性　心理支持与疏导过程中可能涉及老年人的隐私，要对其隐私进行保密，不得作为工作以外的话题到处谈论，以维护老年人的尊严和权利，这也是照护者工作中的一项重要的职业道德要求。

二、心理疏导实施

1. 营造积极向上的情绪和社会环境

良好的心理状态可使人的生理功能达到最佳状态，反之则会影响身心健康，诱发疾病。《黄帝内经》曰"怒伤肝，喜伤心，忧伤肺，思伤脾，恐伤肾"，故善养生者应注意心理调适，维护和促进心理健康。对待老年人要理解他们的心理状态，给予老年人真诚的安慰和鼓励，使他们重新认识自身价值，以增强老年人的信心和勇气，唤起老年人对生命质量的追求，激发他们康复的信心。同时还要创建良好的社会支持系统，充分发挥社会支持系统的作用，政府、社会、单位、邻里、家庭及亲友等都应对老年人给予关心、安慰、同情和支持，形成尊老、敬老的社会风气。首先，政府及一些社会团体应为老年人提供休息、学习、娱乐、休养的服务场所和福利设施，提供社会保险和良好的医疗服务，解除后顾之忧，这是老年人健康的最基本的保证，也是老年人最迫切的需求。社会和社区应为老年人建立老年活动中心、老年公寓、老年心理诊所等。社区服务人员经常上门为老年人进行各方面的服务，志愿者上门陪老年人聊天，医务人员指导家庭成员关心老年人，为老年人营造一个宽松、愉快的氛围。其次，要完善相关法律法规，加强老年人问题的研究，为完善维护老年人权益法律法规提供依据，增强老年人安全感，为安度晚年提供社会保障。

2. 建立良好的护患关系

照护者要主动加强与老年人的接触和交谈，交往过程中态度要和蔼可亲，给予老年人真诚的关爱和理解，增强彼此间的信任。照护者要学会交谈的技巧，学会引导对方的思路，并控制话题和抓住主题，要用老年人容易理解的、通俗的语言进行交流，对患有语言障碍的老年人要善于理解对方情感表达的内容和方式，不可急于求成。另外，老年人心理障碍的产生和疾病导致功能障碍的发生有关，照护者一定要有耐心、爱心，关心其心理变化和心理感受，不能歧视、嘲笑他们，要把他们当正常人看待，尊重其人格，保护其隐私。

3. 帮助老年人树立正确的生死观和健康观

老年人常对自己的健康状况持消极评价，对疾病过分忧虑，常常怀疑自己得了什么不治之症，甚至生病后还会产生濒死的恐惧感。老年人如果过度担心自己的疾病和不适，会导致神经性疑病症、焦虑、抑郁等心理精神问题，加重疾病和躯体不适，对健康十分不利。因此，让老年人认识到衰老与死亡相邻近，死亡是生命的自然结果，当死亡的事实不可避免时，应当泰然处之，树立正确的生死观，克服心理恐惧，找到日常生活的意义与乐趣。研究表明，心理因素是造成老年人自我健康评价欠佳的重要因素。老年人由于对健康状况的消极评价，对疾病过分忧虑，会感到更加衰老、无用。因此，应指导老年人正确评价自身健康状况，对健康保持积极、乐观的态度。在为老年人进行各项照护操作和功能训练前，要给予老年人耐心的鼓励和指导，尊重和理解老年人，以平等的方式商讨对策，有的放矢进行科学讲述和解释，针对其心理状态给予建议和指导，征得老年人同意后，才能为其进行各项护理操作和功能训练。

4．教育老年人正确看待离退休问题

让老年人充分认识到：①离退休是一个正常、不可避免的过程，要让老年人充分理解新老交替这一自然规律，对离退休这个生活模式的改变应泰然处之；②指导老年人做好充分的心理准备，认识和适应离退休后的社会角色、地位的转变；③对于身体好、精力充沛的离退休老年人，可以从事一份轻松的工作，让其再次展现自己的才能；④鼓励老年人多与他人沟通，以此宣泄心中的苦恼，及时消除不良情绪。

5．鼓励老年人活到老，学到老

让老年人多学习、勤用脑，丰富精神生活，主要包括：①让老年人认识到老有所学不仅可以增长知识、活跃思想，同时也有益于身心健康；②指导老年人培养广泛的兴趣爱好，如书法、绘画等，以调节情绪，丰富精神生活，让其充实和发展自己。同时，年老并不等于无为、无用。老年人阅历丰富、知识广博，是社会宝贵的资源。因此，老年人应为社会、为家庭和后代继续充分发挥余热，实现老有所为、老有所用的理想，获得心理的满足和平衡。

6．注重日常生活中的心理保健

①引导老年人建立良好的生活方式，注意合理的饮食和营养，戒烟限酒；②要起居有常，劳逸结合，克服急躁情绪，适量锻炼和运动；③多参与社会活动，还要让老年人学会合理宣泄、情绪转移、适度让步、自觉遗忘等心理调适的方法，有利于促进其心理健康。

7．正确运用各种心理疗法

耐心倾听老年人的心理感受，结合老年人的具体情况，正确运用各种心理疗法，鼓励老年人进行内心伤痛的宣泄，并给予同情、理解等情绪上的支持，帮助老年人树立战胜疾病的信心，指导老年人重新制定生活的目标，处理好人与人之间的关系，以积极的心态去参加康复训练。

（1）**支持疗法**：是一种基础性心理疗法，是通过指导、疏导、劝解、鼓励、安慰，环境改造和培养兴趣等方法给老年人以精神上的支持，帮助其面对现实处理问题，度过心理危机，利用医护人员对老年人的影响力，向老年人坚定地提出有关方面的保证，使老年人建立信心，解除疑虑。在普通的医疗过程中，医护人员的态度、语言、权威性的解释均可影响老年人的感受、认知、情绪和行为，构成广义的支持性心理治疗。

（2）**暗示疗法**：是利用语言动作或其他方式、治疗方法，使老年人在不知不觉中受到积极暗示的影响，从而不加主观意志地接受治疗者的某些观点、信念、态度或指令，解除心理上的压力和负担，实现消除不良心理目的的方法，暗示疗法有很多，如言语暗示、药物暗示、手术暗示、情境暗示等，老年人还可以进行积极的自我暗示，如反复强化"一定能战胜疾病，吃药能治好病，医生能治好我的病"等意识，从而树立战胜疾病的信心，每个人接受暗示的感受性不同，这种差别与性格、气质、思维类型、年龄、性别、智力、文化水平，社会经历等都有关系，在使用中要注意这些因素的影响。

（3）**行为疗法**：是以行为学习理论为指导，按一定的治疗程序消除或纠正人的不良行为的心理治疗方法。行为疗法理论认为人的行为不管是功能性的还是非功能性的、正常的或病态的，都经学习而获得，而且也能通过学习而更改、增加或消除。学习的结果是受奖赏的、获得令人满意结果的行为容易学会并且能维持下来；相反，受处罚的、获得令人不愉快结果的行为不容易学会或很难维持下来。因此，掌握了操作这些奖赏或处罚的条件，就可控制行为的增减或改变其方向。行为疗法的基本原则包括：要有适度进度，所涉及的问题应由浅入深、由表及里；有适当的奖励和处罚机制；训练的目标要恰当；要调动老年人的积极性，培养其改变行为的动机。常用的治疗方法有系统脱敏疗法、厌恶疗法、强化疗法、处罚消除法、放松疗法等。

1）**系统脱敏疗法**：是诱导老年人缓慢地暴露出导致焦虑或恐惧的情境，并通过心理的放松状态来对抗这种焦虑和恐惧情绪，从而达到消除焦虑和恐惧的方法。系统脱敏疗法的治疗原理是逐渐增加大刺激的程度，当某个刺激不会再引起老年人焦虑和恐惧反应时，向处于放松状态的老年人呈现另一个比前一刺激略强一点的刺激，如果一个刺激所引起的焦虑或恐惧状态在老年人所能忍受的范围之内，经过多次反复的呈现，老年人便不再会对该刺激感到焦虑或恐惧，治疗目标也就达到了，这种方法适用于焦虑症和恐惧症的治疗。

2）**厌恶疗法**：是将欲戒除的目标行为与某种不愉快的或惩罚性的刺激结合起来，通过厌恶性条件作用，达到戒除或减少目标行为的方法。

3）**强化疗法**：又称操作条件疗法，是指系统地应用强化手段去增加某些适应性行为，减弱或消除某些不适应行为的心理治疗方法。一般分为4种类型，正强化：

指运用奖励的方式，使有利的行为模式重复出现并保持下来；负强化：即去掉一个坏刺激，是为引发所希望的行为的出现而设立；正惩罚：即施加一个坏刺激，这是当不适当的行为出现时，给予老年人一种感到不快的刺激的方法；负惩罚：即去掉一个好刺激，当不适当的行为出现时，不再给予原有的奖励，这种类型比正惩罚更常用。

（4）**认知疗法**：是根据认知过程影响情感和行为的理论假设，通过认知和行为技术改变老年人不良认知或认知过程来减弱或消除情绪障碍和其他不良行为的心理疗法，此疗法的理论基础是心理障碍的产生是由于错误的认知，错误的认知导致异常的情绪反应，如抑郁、焦虑等。此疗法的目的是通过挖掘老年人的错误认知并对其加以分析和矫正，代之以合理的、现实的认知，从而解除老年人的痛苦，使之更好地适应现实环境，认知疗法中比较有代表性的是埃利斯创立的合理情绪疗法和贝克的认知治疗。

（5）**认知行为疗法**：认知行为疗法，又称理性情绪疗法，它既采用认知心理疗法，又采用了行为治疗的一些方法，此疗法认为人的情绪和行为反应不是由某一诱发事件所引起的，而是由个体对诱发事件的认知、信念和解释所决定的，这一理论又称为 ABC 理论，A（Activating event）即诱发事件，B（Belief）是个体在诱发事件后产生的相应信念，C（Consequence）即个体产生的情绪反应和行为后果。ABC 理论认为心理行为障碍的发产生根源在于非理性信念，常见的非理性心理有三大特点，①绝对化；②过分概括化；③极端观念。认知行为疗法就是在建立良好的医患关系后，向老年人指出存在的非理性信念，并解释其对情绪困扰的影响，通过辩论的方式帮助老年人以合理的思维方式和信念替代非理性信念，从而解除心理行为障碍的一种治疗方法。

（6）**精神分析疗法**：又称心理分析疗法、分析性心理治疗，它是弗洛伊德在19世纪末创立的，此疗法是老年人在无拘束的会谈中领悟到心理障碍的症结所在，并逐步改变其行为模式，从而达到治疗的目的。

（7）**个人中心疗法**：其主要观点为：心理障碍是因为满足个体基本需要的能力缺乏，现实自我和理想自我发生矛盾所致。主要技术有情感回应、情感阐明、治疗者情感表达，这些技术可以减轻老年人在治疗环境中的恐惧，帮助他们无防御地正视自我，让以前的否定情感显露出来并开始接纳，同时将这些情感和自我建立联系，及时对自我作出总结，随着防御心理的减弱，老年人会进一步剖析自我，接受从前感到恐惧的情感，不依赖与别人价值观念保持一致而获得安全感。

（8）**家庭疗法**：家庭是老年人晚年生活的主要场所，老年人的精神状态和家人关系、家庭气氛息息相关。良好和睦的家庭气氛能让老年人精神放松，有利于健康长寿；相反，家庭成员之间关系恶劣，则对老年人的身心健康极其不利。而家庭疗法是指将家庭作为一个整体进行心理治疗的方法，治疗人员通过与老年人家庭中全体成员有规律地接触与交谈，促使家庭发生变化，并通过家庭成员影响老年人，使症状减轻或消失。其中内容有：①处理好"代沟"问题。所谓"代沟"即不相适应难以沟通或保持一致的状态。老年人与子女之间在思想感情和为人处世等方面存在着差异，应指导老年人不可固执己见，要理解子女，对一些看不顺眼又无法改变的事情应尽量包容，不可强行干涉。家庭成员应尽孝道，赡养和尊重老年人，遇事主动与其商量，耐心听取意见与建议，维护老年人的自尊。②关心老年人情感生活，老年人要夫妻恩爱，相互关怀体贴，使夫妻生活充满情趣与温馨，对于丧偶的老年人，子女要同情，理解支持其再婚，使老年人晚年生活不孤单。

（9）**顺情从欲法**：是指顺从老年人的意愿、意志、情绪，满足老年人心身需要的一种治疗方法，老年人在患病过程中情绪多有反常，先顺其情，从其意，积极鼓励并引导老年人将郁闷的情绪诉说或发泄出来，以排除心理障碍，达到恢复正常心理活动的目的。

（10）**中医以情胜情法**：是有意识地采用另一种情志活动去战胜和控制因某种情志刺激而引起的疾病，从而治愈疾病的心理治疗方法。

（三）实践技能操作

渐进式肌肉放松训练（见图9-1）。

【目的】

释放压抑的个性，改善睡眠，促进心理健康。

【评估】

和老年人沟通，评估老年人的情绪和心理状态，告知渐进性肌肉放松训练的目的、方法，取得老年人的支持和配合。

195

【准备】

照护者准备：着装干净整洁、态度亲近、举止端庄。

环境准备：整洁安静，通风良好，光线柔和。

老年人准备：老年人的理解和配合。

用物准备：舒适的床或者沙发。

【实施步骤】

表 9-1　渐进式肌肉放松训练

步　骤	操作内容	要点说明
步骤一	1. 现在我们开始进行肌肉放松训练，请深呼吸三下。每一次吸入后，尽可能忍气不呼出，并全身紧张，握紧拳头，这一过程是让你体会到紧张。在每一次忍受不住时，再将气缓缓呼出，尽可能引导自己有"如释重负"之感，这一过程是让你体会到松弛的感觉。尽量感受紧张的不适感与松弛的舒适感的强烈对比，领受松弛的妙处	1. 在进行肌肉放松训练前必须把头脑中的琐事杂念均放空 2. 可配以舒缓的轻音乐
步骤二	2. 按身体部位逐一发布"松弛催眠命令"。这些部位依次序是手指及掌、前臂、手臂、头皮、前额、眼、口、鼻、下颚、颈、膊、背、前胸、后腰、脐、臀、耻骨及生殖器、大腿、小腿、脚和脚趾。依循这些部位的次序，发布以下的命令："放——松——松——驰——"我感到非常舒畅，我的（部位）现在是非常的松弛，我明显地感觉到这个部位有种沉重而舒服的感觉。在发布这些命令的同时，老年人要体验全身松弛的感受	随时询问老年人的感受，查看是否取得了应有的效果
步骤三	3. 当完成手指到脚趾的松弛过程，想像一股暖流，由头顶缓缓地流向你的头、胸、脐、腿以及脚尖。这暖流带来的舒适，会大大地加深全身的松弛度	
步骤四	4. 静静地躺在床或沙发上，尽情享受这难得的松弛，体会这状态的美好	

【注意事项】

1. 除了第4步没有时间限制外，前面由手至脚整个逐步放松的过程需要 6～7 分钟，如果老年人在不到 6 分钟的时间完成，说明老年人还未达到松弛状态。若时间和环境条件不允许，可以"弹性"变通一下。

2. 保证在这段时间内没有外界骚扰。

3. 坚持练习一周，每天 2 次，就能较好地掌握渐进式肌肉放松运动。

参考文献

1.陈爱萍，谢家兴.实用康复护理学 [M].北京：中国医药科技出版社，2018.

2.茶国萍，王照朋，郝红丽.护理学基础实训教程 [M].南京: 东南大学出版社,2016.

3.冯晓丽，李勇.养老服务职业技能培训教材——老年照护（初级）[M].北京：中国人口出版社，2017.

4.冯晓丽，李斌.养老服务职业技能培训教材——老年照护（中级）[M].北京：中国人口出版社，2019.

5.冯晓丽，许虹.养老服务职业技能培训教材——老年照护（高级）[M].北京：中国人口出版社，2019.

6.国家卫生计生委办公厅.国家卫生计生委办公厅关于印发《养老机构医务室基本标准（试行）》和《养老机构护理站基本标准（试行）》的通知 [EB/OL].(2014–11–18)[2021–02–06]. http://www.nhc.gov.cn/yzygj/s 3593/201411/dd043c3899684a8e8286abafffb d265c. shtml.

7.国家卫生计生委办公厅关于印发《养老机构医务室基本标准（试行）》和《养老机构护理站基本标准（试行）》的通知 [J].中华人民共和国国家卫生和计划生育委员会公报，2014.

8.郭宏，尹安春.老年护理学 [M].北京：科学出版社，2018.

9.黄河.照顾者初级技能手册 [M].北京：金盾出版社，2016.

10.江丹.老年护理技术指导 [M].北京：中国社会出版社，2014.

11.李小寒，尚少梅.基础护理学 [M].北京：人民卫生出版社，2017.

12.卢美娟，徐连敏.老年人家庭护理技巧与康复训练 [M].北京：中国医药科技出版社，2014.

13.吕雨梅.康复照护者培训教程 [M].北京：人民卫生出版社，2017.

14.吕康.社区护理 [M].北京：科学出版社，2011.

15.罗先武.2020 全国护师资格考试轻松过 [M].北京：人民卫生出版社，2020.

16. 民政部办公厅 . 民政部办公厅关于印发《养老机构新型冠状病毒感染的肺炎疫情防控指南（第二版）》的通知 [EB/OL].(2020–02–07)[2021–02–06]. http://www.gov.cn/zhengce/zhengceku/2020–02/07/content_5475906. htm.

17. 谭美青 . 养老护理员 [M]. 北京：中国劳动社会出版社，2013.

18. 王天明 . 老年人照顾护理全图解 [M]. 北京：北京出版社，2015.

19. 袁慧玲 . 养老护理员 [M]. 北京：海洋出版社，2015.

20. 浙江省民政厅 . 养老护理员（初、中级）[M]. 杭州：浙江科学技术出版社，2017.

21. 张连辉，邓翠珍 . 基础护理学 [M]. 北京：人民卫生出版社，2019.

22. 中华人民共和国住房和城乡建设部 . 老年人照料设施建筑设计标准 [EB/OL]. (2018–03–30)[2021–02–06]. http://www.mohurd.gov.cn/wjfb/201807/t20180702_236618. html.

23. 张瀚文，韦国 . 养老护理员 [M]. 北京：化学工业出版社，2020.

24. 张昊 . 居家养老护理照顾 [M]. 北京：北京科学技术出版社，2016.

25. 张立力，尹安春 . 老年护理学 [M]. 北京：人民军医出版社，2012.